le *livre* de recettes

IG bas

XXL pour tous

CONTENU

Soupes et salades

Plats d'accompagnement

Desserts — 104

Dernier mot — 128

Préface

Avez-vous également essayé différentes approches pour perdre du poids, mais aucune n'a fonctionné à long terme pour vous ? Vous aimeriez enfin avoir un mode de vie plus heureux, plus sain et dont vous puissiez être fier ?

Préparez-vous à en apprendre un peu plus sur l'une des stratégies les plus éprouvées pour perdre du poids et se sentir bien. Depuis des décennies, les régimes pauvres en glucides sont considérés comme l'un des meilleurs moyens d'améliorer la santé et de perdre du poids. Bien que de nombreuses options de régime soient apparues et disparues, un régime pauvre en glucides reste le favori de nombreuses personnes : le régime low carb. Vous pouvez le considérer comme un plan alimentaire alternatif qui vous demande de limiter votre consommation de sucres transformés et de glucides. Pour ceux qui souhaitent perdre du poids, ce livre de cuisine sur le régime low carb offre une introduction pratique et simple à l'alimentation low carb, l'une des stratégies de perte de poids et d'alimentation les plus populaires.

Grâce à ce livre de cuisine, découvrez les avantages d'un régime pauvre en glucides, comment il fonctionne, comment compter les glucides et ce qui est autorisé dans un régime. Que vous cherchiez un petit déjeuner simple ou un déjeuner copieux, vous trouverez certainement, dans ce recueil de recettes, un repas qui vous convient.

Les recettes de ce livre de cuisine sont riches en nutriments et pauvres en glucides. Elles sont idéales pour les débutants mais aussi pour ceux qui suivent un régime low carb depuis longtemps. Cette collection de recettes est le fruit d'une expertise culinaire de longue date. En raison de leur teneur élevée en protéines, les plats de ce livre de recettes peuvent aider à perdre du poids.

Vous commencerez à voir des résultats dès le début de votre régime. De nombreuses personnes constatent une perte de poids considérable dans les deux semaines qui suivent l'introduction d'un régime pauvre en glucides. Lorsque vous cessez de compter sur les glucides pour vous fournir de l'énergie, votre corps passe en mode de combustion des graisses. Les personnes qui suivent un régime pauvre en glucides devraient s'attendre à perdre environ 2 kilos par semaine.

Pour commencer, nous vous expliquons comment fonctionne le régime low carb et comment il affecte votre corps. Avec une compréhension précise du fonctionnement du régime, il vous sera plus facile de faire des choix judicieux et éclairés sur ce que vous mangez. En outre, vous apprendrez quels sont les aliments autorisés dans un régime pauvre en glucides et quels sont ceux dont il faut s'abstenir. Le livre de cuisine contient en outre des recettes savoureuses et faciles à faire que vous pouvez préparer pour vous, votre famille et vos amis. Grâce à ces recettes, vous verrez à quel point il est facile de s'alimenter sainement.

Le livre de cuisine met en outre à votre disposition un plan de repas simple, réparti en étapes, qui vous permettra d'atteindre rapidement et efficacement vos objectifs en matière de santé. Quel que soit le régime que vous choisissez, sans une stratégie ou une feuille de route, vos tentatives de perte de poids seront de courte durée. Ce livre de cuisine vous aidera à atteindre vos objectifs de manière efficace et à long terme !

Introduction

QU'EST-CE QU'UN RÉGIME LOW CARB ?

Le terme "low carb" désigne un type de régime dans lequel les glucides sont réduits à une très petite quantité afin de perdre du poids. Un régime pauvre en glucides limite généralement la consommation de glucides à 20-50 g par jour. Les glucides sont composés de sucres multiples qui sont décomposés dans l'organisme en glucose simple, la principale source d'énergie des cellules humaines. Cependant, une consommation excessive de glucides entraîne une prise de poids.

La plupart des régimes pauvres en glucides contiennent beaucoup de protéines et de graisses, notamment des acides gras saturés, afin de maintenir un taux de glycémie stable. Dans un régime low carb, le peu de glucides que l'on consomme doit provenir de légumes, de fruits et de graisses saines (par exemple l'huile d'olive).

Les aliments riches en graisses contiennent généralement moins de 30 % de glucides et sont pauvres en protéines ou en fibres. Ce sont des éléments importants d'une alimentation saine, car ils contribuent au bon fonctionnement du système digestif et permettent au corps de brûler les graisses stockées pour produire de l'énergie.

Un régime low carb n'est pas la même chose qu'un régime sans glucides. Un régime low carb se concentre sur le maintien des glucides à environ 25 % de l'apport calorique quotidien. Les glucides sont calculés en pourcentage de calories et non en grammes. Par exemple, si vous suivez un régime de 2500 calories, vous devriez consommer environ 500 g de glucides (25 % de 2500 calories : c'est 500 g).

Un régime low carb typique comprend des aliments tels que le fromage frais, le bacon, les œufs, la viande rouge, le fromage et l'avocat. Ces aliments contiennent très peu d'hydrates de carbone et sont également riches en graisses. Ils sont également très savoureux, ce qui facilite l'adoption d'un régime pauvre en glucides.

La teneur en glucides d'un œuf dur est d'environ 0,4 g. De même, une seule portion d'avocat ne contient qu'environ 1 g de glucides.

Le régime low carb le plus populaire actuellement est le régime Atkins. Ce régime consiste à réduire les glucides de plus de 50 % et à se concentrer sur des aliments riches en protéines et pauvres en glucides. Il est préférable de se rappeler que certains régimes pauvres en glucides sont utilisés pour traiter des maladies telles que le diabète - il est donc important de consulter un médecin avant de commencer un tel régime.

POURQUOI DEVRIEZ-VOUS SUIVRE UN RÉGIME LOW CARB ?

Le meilleur moyen de devenir plus mince, plus fort et en meilleure santé est de suivre un régime pauvre en glucides. Non seulement il est prouvé que l'alimentation naturelle à faible teneur en glucides permet de maintenir un poids sain, mais elle favorise également une meilleure performance, renforce le système immunitaire et vous aide à brûler les graisses sans effort.

Lorsque vous adoptez ce mode d'alimentation, votre corps commence à utiliser les graisses comme source d'énergie ; et ce, en lieu et place des glucides. En conséquence de la réduction de la consommation de glucides, votre taux d'insuline sera plus bas et votre taux de graisse corporelle plus élevé. Vous perdrez du poids et serez en meilleure santé sans avoir à vous affamer ou à faire des exercices fatigants. Le régime pauvre en glucides est une manière simple et saine de s'alimenter. Il est basé sur des aliments naturels riches en protéines, en graisses et en bons glucides. Ces nutriments fournissent à l'organisme de l'énergie et des graisses et l'aident à réguler son métabolisme. Le régime pauvre en glucides évite les aliments transformés, le sucre et l'amidon qui sont nocifs pour la santé. Il est également facile à suivre, car il ne nécessite pas de restrictions extrêmes. Le régime pauvre en glucides est un bon moyen de se faire plaisir et de profiter des avantages de ce mode de vie.

COMMENT FONCTIONNE UN RÉGIME LOW CARB ?

Comme nous l'avons déjà mentionné, le concept principal d'un régime pauvre en glucides est de maintenir le taux d'insuline à un niveau bas, car cette hormone est à l'origine du surpoids et de l'obésité. Elle absorbe le glucose de l'alimentation et le stocke ou le transforme en graisse. De plus, elle génère une sensation de faim qui entraîne une augmentation de la consommation de nourriture et une prise de poids. En évitant les aliments riches en glucides, la sécrétion d'insuline est réduite et la sensation de faim diminue.

COMMENT COMPTER LES GLUCIDES ?

Le Carb Counting est une méthode qui permet de calculer le nombre de glucides que vous consommez en une journée.

Savoir combien de glucides vous consommez peut vous aider à respecter vos directives en matière de glucides. Pour compter vos glucides, procédez comme suit :

-Étape 1 : Calculez vos besoins caloriques quotidiens en fonction de votre objectif (par exemple, perdre du poids, le maintenir ou en gagner).

-Étape 2 : Déduisez du total des calories les calories provenant des graisses ou des protéines. Vous obtenez ainsi le nombre de calories provenant des glucides que vous devriez consommer chaque jour. Multipliez ce chiffre par 0,6 pour obtenir la quantité de glucides en grammes pour la journée.

QU'EST-CE QUI EST AUTORISÉ DANS UN RÉGIME LOW CARB ?

Parmi les aliments autorisés figurent les pâtes, le pain, les pâtisseries, les sucreries et le sucre. Un régime low carb est censé favoriser l'élimination des graisses et améliorer la santé. Toutefois, un régime low carb trop strict peut également comporter des risques. C'est pourquoi il est important d'avoir une alimentation équilibrée et de ne pas éviter tous les glucides. Certaines sources de glucides, comme le riz brun et les céréales complètes, sont saines et fournissent des nutriments essentiels. En outre, un régime pauvre en glucides doit être combiné avec suffisamment de protéines qui rassasient et stimulent le métabolisme. Parmi les aliments riches en protéines, on trouve la viande, le poisson, les œufs et les produits laitiers. Voici quelques exemples d'aliments qui contiennent peu de glucides et qui conviennent bien à un régime low carb.

Légumes non féculents

Les légumes non féculents sont riches en fibres et en nutriments. Ils protègent contre les pics de glycémie et rassasient. Les épinards, les brocolis, les légumes à feuilles, les asperges et les avocats font partie de ce groupe.

Viande et volaille

La viande et la volaille fournissent beaucoup de protéines et de graisses qui favorisent la sensation de satiété. Les acides gras saturés vous aident à manger moins et à suivre votre régime low carb. De plus, la viande et la volaille contiennent beaucoup d'eau, ce qui aide à perdre du poids.

Poisson

Le poisson convient bien à un régime pauvre en glucides. Il est riche en protéines et en graisses rassasiantes. Évitez le poisson frit ou pané, car il est riche en glucides. Le saumon, la perche, le thon et le hareng ont une faible teneur en mercure. Toutefois, si vous avez des problèmes de thyroïde, ne consommez pas de poisson. Vous pouvez faire cuire, frire ou griller le poisson.

Produits laitiers low-carb

Les produits laitiers à faible teneur en glucides sont une bonne source de protéines et de fibres qui peuvent vous aider à rester rassasié plus longtemps. Ces produits comprennent le lait, la crème, le beurre et le fromage, mais ils ont une teneur élevée en matières grasses. Vous devez donc consommer ces produits avec modération et vous assurer qu'ils ne contiennent pas de sucres ajoutés.

Œufs

Les œufs sont riches en protéines et contiennent de la lécithine qui est essentielle pour votre santé et votre perte de poids. Ils devraient être inclus dans vos plans de régime à faible teneur en glucides, car ils peuvent vous aider à perdre l'excès de graisse et à contrôler la faim.

Noix

Les noix sont extrêmement riches en graisses, mais souvent très salées. Cette combinaison peut entraîner des problèmes de tension artérielle. Il est donc conseillé de faire attention à la teneur en sel lorsque l'on cuisine des noix.

Les avantages d'un régime low carb

Un régime pauvre en glucides présente de nombreux avantages pour la santé, et de nombreuses personnes choisissent de suivre un régime pauvre en glucides pour diverses raisons. Par exemple, les diabétiques trouveront souvent qu'un régime pauvre en glucides peut les aider à contrôler leur glycémie sans avoir recours à des injections d'insuline. Les régimes à faible teneur en glucides sont aussi généralement très efficaces pour la perte de poids. Voici quelques raisons pour lesquelles vous devriez opter pour les régimes low carb :

Les maladies cardio-vasculaires :
Un régime pauvre en glucides peut favoriser votre perte de poids et améliorer votre santé cardiaque. En réduisant la quantité de glucides et de sucres que vous consommez chaque jour, vous pouvez brûler l'excès de graisse et éviter les complications liées aux maladies cardiovasculaires. Pour des résultats optimaux, suivez un régime pauvre en glucides pendant au moins trois mois.

Performance sportive :
Un régime pauvre en glucides peut également vous aider à améliorer vos performances sportives. Si vous vous intéressez au sport, à l'entraînement ou à d'autres activités physiques, un régime pauvre en glucides peut vous aider à améliorer vos performances globales en fournissant suffisamment d'énergie à vos muscles. Il est important de noter que chaque personne réagit différemment à ce régime et a besoin de temps pour adapter ses habitudes alimentaires. Certaines personnes peuvent ne pas être en mesure de réduire, autant que d'autres, leur consommation de glucides en fonction de leurs besoins et de leurs exigences. Soyez patient et persévérez.

Sensibilité à l'insuline :
Enfin, un régime pauvre en glucides peut améliorer votre sensibilité à l'insuline. L'insuline est une hormone importante qui est responsable du transport du glucose dans vos cellules. Si vous êtes diabétique ou risquez de le devenir, un régime pauvre en glucides peut vous aider à améliorer votre sensibilité à l'insuline.

Amélioration de la digestion :

La digestion est importante pour votre santé et votre bien-être. En mangeant régulièrement du yaourt et d'autres probiotiques, vous pouvez favoriser les bonnes bactéries dans votre intestin.

Réduction des crises de faim :

Lorsque vous mangez beaucoup de glucides, votre taux de glycémie augmente et diminue rapidement. Cela vous donne faim et vous incite à manger davantage. En revanche, un régime pauvre en glucides maintient votre taux de glycémie stable et supprime votre appétit. Vous pouvez ainsi réduire votre apport calorique et éviter de prendre du poids.

Niveau d'énergie élevé :

Un régime pauvre en glucides peut vous aider à contrôler votre consommation de sucre et à répartir votre énergie de manière homogène. Vous pourrez ainsi vous sentir en forme et actif tout au long de la journée.

Petit déjeuner

ŒUFS BROUILLÉS À LA RICOTTA

4 port. 15 minutes facile

Ingrédients

8 gros œufs
26 g de fromage ricotta
2 cs d'huile d'olive
120 g d'aubergines coupées en dés
2 cc d'ail haché
26 g d'olives vertes coupées en dés
Sel (selon les besoins)
Poivre noir (selon les besoins)
100 g de tomates coupées en dés

Valeurs nutritives (par portion)

Calories : 231
18 g de graisse
13 g de protéines
5 g de glucides
2 g de fibres alimentaires
3 g de glucides nets

1 Dans un bol, mélanger les œufs et la ricotta jusqu'à ce que le tout soit bien mélangé. Mettez de côté.

2 Chauffez l'huile d'olive dans une grande poêle à feu moyen pendant environ 30 secondes. Ajoutez l'aubergine et l'ail et faites cuire pendant 5 à 7 minutes en remuant souvent, jusqu'à ce que l'aubergine soit légèrement dorée.

3 Réduisez le feu, ajoutez le mélange d'œufs et les olives vertes et faites cuire pendant environ 3 minutes en remuant souvent. Assaisonnez avec du sel et du poivre.

4 Verser le mélange dans des bols et garnir chaque portion de tomates coupées en dés et d'un trait d'huile d'olive.

SMOOTHIE AU BEURRE DE CACAHUÈTES

4 port.   5 minu-   facile
tes

Ingrédients

25 g de cacao en poudre
non sucré
80 g de beurre de cacahuète
0,5 l de lait d'amande
4 cc de Swerve (édulcorant
en granulés)
230 g de crème fouettée
½ cc de sel
Glaçons

Valeurs nutritives (par portion)

Calories : 413
37 g de graisse
10 g de proténes
10 g de glucides
4 g de fibres alimentaires
6 g de glucides nets

1 Dans un mixeur, mélangez le cacao en poudre,
le beurre de cacahuète, le lait d'amande,
le Swerve, la crème fouettée et le sel.

2 Ajoutez quelques glaçons et mixez à nouveau -
ajoutez d'autres glaçons si nécessaire, jusqu'à obtenir la consistance souhaitée.

GRATIN DE TOMATES, D'ÉPINARDS ET D'ŒUFS

4 port.   5 minu-   facile
             tes

Ingrédients

Huile d'olive vierge
40 g de bébés épinards
4 tomates Roma, coupées
en dés
Sel (selon les besoins)
Poivre noir (selon les besoins)
8 gros œufs
90 g de parmesan râpé

Valeurs nutritives (par portion)

Calories : 247
15 g de graisse
19 g de protéines
9 g de glucides
3 g de fibres alimentaires
6 g de glucides nets

1 Préchauffer le four à 190 degrés.

2 Appliquez de la graisse avec de l'huile d'olive ou un spray de cuisson antiadhésif sur un moule d'environ 23 x 30 cm.

3 Mettre les épinards dans le plat à four et ajouter ensuite les tomates par-dessus. Assaisonnez avec du sel et du poivre.

4 Cassez délicatement les œufs sur le mélange de légumes et parsemez de parmesan.

5 Cuire jusqu'à ce que les blancs d'œufs soient opaques - prévoir pour cela environ 12 à 15 minutes.

PÂTE À GAUFRES

4 port.   10 minutes   facile

Ingrédients

220 g de fromage frais
8 gros œufs
190 g de farine d'amandes
100 g de Swerve (édulcorant en granulés)
4 cc de levure chimique
½ cc de sel

Valeurs nutritives (par portion)

Calories : 553
46 g de graisse
23 g de protéines
13 g de glucides
4 g de fibres alimentaires
9 g de glucides nets

1 Chauffez un gaufrier conformément aux instructions du fabricant.

2 Mettre le fromage frais, les œufs, la poudre d'amandes, le Swerve, la levure chimique et le sel dans un mixeur et mélanger jusqu'à obtenir un mélange lisse.

3 Verser la pâte dans le gaufrier, faire cuire jusqu'à ce qu'elle soit dorée et selon les instructions du fabricant.

SMOOTHIE À LA CITROUILLE ET AU CAJOU

4 port. 5 minutes facile

Ingrédients

1 l de lait d'amande non sucré

225 g de purée de potiron

140 g de noix de cajou non salées

3 cc de Swerve (édulcorant en granulés)

2 cc d'épices pour tarte à la citrouille

½ cc de sel

Glaçons

Valeurs nutritives (par portion)

Calories : 263

19 g de graisse

7 g de protéines

16 g de glucides

5 g de fibres alimentaires

11 g de glucides nets

1 Mélangez le lait d'amande, la purée de citrouille, les noix de cajou, le Swerve, les épices pour tarte à la citrouille et le sel dans un mixeur.

2 Ajoutez quelques glaçons et mixez à nouveau - ajoutez d'autres glaçons si nécessaire, jusqu'à obtenir la consistance souhaitée.

SAUCISSES AVEC LÉGUMES AU FOUR

4 port. 30 mi-
nutes facile

Ingrédients

Huile d'olive vierge
450 g de saucisses
65 g de chou vert haché
100 g de champignons
émincés
12 tiges d'asperges
110 g de tomates cerises,
coupées en deux
Sel (selon les besoins)
Poivre noir (selon les besoins)

Valeurs nutritives (par portion)

Calories : 344
24 g de graisse
22 g de protéines
10 g de glucides
3 g de fibres alimentaires
7 g de glucides nets

1 Chauffer le four à 200 degrés. Graisser une plaque à pâtisserie avec de l'huile d'olive.

2 Disposer les saucisses, le chou vert et les champignons sur la plaque de cuisson et les arroser d'huile d'olive. Cuire pendant environ 10 minutes jusqu'à ce que les saucisses commencent à dorer.

3 Ajoutez les asperges et les tomates et faites cuire encore 5 à 10 minutes, jusqu'à ce que les légumes soient tendres.

4 Saler et poivrer.

ŒUFS BROUILLÉS AU CHILI VERT

4 port.   10 mi-   facile
nutes

Ingrédients

8 gros œufs

2 cs de beurre

25 g d'oignons de printemps

30 g de fromage Cotija émietté

2-4 cs de piments verts en boîte

2 cs de coriandre, hachée

Valeurs nutritives (par portion)

Calories : 207

17 g de graisse

2 g de glucides

13 g de protéines

2 g de glucides nets

1 Fouettez les œufs dans un grand bol jusqu'à ce qu'ils soient bien mélangés.

2 Chauffer une grande poêle à feu moyen jusqu'à ce qu'elle soit chaude. Ensuite, faire fondre le beurre et faire tourner la poêle d'avant en arrière pour que le beurre soit réparti sur tout le fond de la poêle.

3 Ajoutez les oignons de printemps et faites-les revenir pendant environ 2 minutes.

4 Ajouter les œufs et mélanger pendant environ 2 minutes à l'aide d'une spatule.

5 Incorporer le fromage Cotija et les piments verts, puis retirer la poêle du feu. Garnir ensuite de coriandre.

SMOOTHIE VERT

1 port.

5 minutes

facile

Ingrédients

1 petit avocat, pelé
1 citron vert, pelé
30 g d'épinards
0,25 litre de lait d'amande
230 g de glaçons
1 cs de beurre d'amande
2 ou 3 gouttes de stévia liquide

Valeurs nutritives (par portion)

Calories : 454
3 g de graisse
28 g de glucides
17 g de fibres alimentaires
9 g de protéines
11 g de glucides nets

1 Dans un mixeur, mélangez les avocats, les citrons verts, les épinards, les glaçons, le lait d'amande, le beurre d'amande et la stévia liquide.

2 Servez dans votre tasse préférée et savourez.

OMELETTE AUX CHAMPIGNONS

4 port.   15 mi-   facile
           nutes

Ingrédients

2 oignons de printemps, hachés

75 g de champignons
blancs

Sel (selon les besoins)

Poivre noir (selon les besoins)

4 œufs, battus

1 cs d'huile d'olive

½ cc de cumin

1 cs de coriandre

Valeurs nutritives (par portion)

Calories : 109
8,1 g de graisse
0,8 g de fibres alimentaires
2,9 g de glucides
7,5 g de protéines

1 Chauffer une poêle avec l'huile à feu moyen,
ajouter les oignons de printemps et les champignons, faire tourner et faire revenir pendant 5 minutes.

2 Ajoutez les œufs et le reste des ingrédients,
tournez délicatement jusqu'à ce que le mélange
soit réparti dans toute la poêle, couvrez et laissez
prendre à feu moyen.

3 Couper l'omelette en tranches, la répartir sur
des assiettes et la servir au petit déjeuner.

RÔTI DE BŒUF HACHÉ

6 port.   1 heure   facile

Ingrédients

2 échalotes, hachées
1 cs d'huile d'olive
1 poivron vert
2 gousses d'ail, finement hachées
2 œufs, battus
450 g de bœuf
Sel (selon les besoins)
Poivre noir (selon les besoins)
1 cs de coriandre

Valeurs nutritives (par portion)

Calories : 192
8,6 g de graisse
0,3 g de fibres alimentaires
2,5 g de glucides
25,1 g de protéines

1 Préchauffer le four à 200 degrés.

2 Faites chauffer l'huile dans la poêle, ajoutez les échalotes et l'ail, remuez et laissez cuire 5 minutes.

3 Ensuite, mélangez bien les échalotes et l'ail avec la viande et les autres ingrédients dans un saladier. Façonner ensuite le pain de viande et placez-le dans un moule.

4 Cuire le pain de viande à 200 degrés, chaleur de voûte et de sole, pendant environ 40 minutes.

5 Refroidissez le pain de viande, répartissez-le sur des assiettes et servez-le au petit déjeuner.

COPIEUX BURRITO POUR LE PETIT DÉJEUNER

1 port. | 25 mi-nutes | facile

Ingrédients

1 cc d'huile de coco
1 cc d'ail en poudre
1 cc de cumin
100 g de viande de bœuf hachée
1 cc de paprika en poudre, doux
1 cc d'oignon en poudre
1 petit oignon rouge
1 cc de coriandre moulue
Sel (selon les besoins)
Poivre noir (selon les besoins)
3 œufs

Valeurs nutritives (par portion)

Calories : 280
12 g de graisse
4 g de fibres alimentaires
7 g de glucides
14 g de protéines

1 Chauffer une poêle à feu moyen, y ajouter le bœuf et le faire revenir pendant environ 5 minutes.

2 Ajoutez le sel, le poivre, le cumin, les poudres d'ail, d'oignon et de paprika, remuez, faites cuire encore 5 minutes et retirez du feu.

3 Dans un saladier, mélangez les œufs, le sel et le poivre et battez bien le tout.

4 Chauffer une poêle avec de l'huile à feu moyen, ajouter l'œuf, répartir uniformément et laisser prendre pendant environ 6 minutes.

5 Entre-temps, émincer l'oignon.

6 Placez votre burrito aux œufs sur une assiette, répartissez le mélange de bœuf, ajoutez l'oignon et la coriandre, puis roulez le burrito.

BOUILLIE AUX ŒUFS

2 port. 10 mi- facile
nutes

Ingrédients

2 œufs
1 cs de stévia
80 g de crème fouettée
2 cs de ghee
Pincée de cannelle, moulue

Valeurs nutritives (par portion)

Calories : 340
12 g de graisse
10 g de fibres alimentaires
3 g de glucides
14 g de protéines

1 Dans un saladier, mélangez les œufs avec la stévia et la crème fouettée et battez bien le tout.

2 Chauffez une poêle avec le ghee à feu moyen, ajoutez le mélange d'œufs et faites cuire jusqu'à ce qu'ils soient prêts.

3 Répartir dans 2 bols, saupoudrer de cannelle et servir.

4 Savourer !

MUESLI SIMPLE POUR LE PETIT DÉJEUNER

2 port. 10 mi-
nutes facile

Ingrédients

45 g de noix de coco râpée
4 cc de ghee
400 ml de lait d'amande
1 cs de stévia
une pincée de sel
40 g de noix de macadamia
35 g de noix, hachées
40 g de graines de lin

Valeurs nutritives (par portion)

Calories : 140
3 g de graisse
2 g de fibres alimentaires
1,5 g de glucides
7 g de protéines

1 Chauffer une casserole avec le ghee à feu moyen. Ajouter ensuite le lait, la noix de coco râpée, le sel, les noix de macadamia, les noix, les graines de lin et la stévia et bien mélanger.

2 Laisser cuire 3 minutes, puis remuer à nouveau. Retirer du feu et mettre de côté pendant 10 minutes.

3 Répartir dans 2 bols et servir.

POÊLÉE DE CREVETTES ET D'OLIVES

4 port.   15 mi-   facile
            nutes

Ingrédients

450 g de crevettes
180 g d'olives noires
90 g d'olives de Kalamata
2 oignons de printemps, hachés
2 cc de paprika en poudre,
doux
1 cs d'huile d'olive
Sel (selon les besoins)
Poivre noir (selon les besoins)
120 g de crème fouettée

Valeurs nutritives (par portion)

Calories : 263
14,8 g de graisse
1,7 g de fibres alimentaires
5,5 g de glucides
26,7 g de protéines

1 Chauffer une poêle avec l'huile à feu moyen, ajouter les oignons, les faire tourner et les faire revenir pendant 2 minutes.

2 Ajouter le reste des ingrédients, à l'exception de la crème fouettée, remuer et laisser cuire encore pendant 4 minutes.

3 Ajouter ensuite les crèmes fouettées, remuer et laisser cuire encore pendant 4 minutes.

4 Répartir sur des assiettes et servir au petit dé-jeuner. Bon appétit !

ŒUFS CRÉMEUX

4 port.   10 mi-
nutes

facile

Ingrédients

8 œufs, battus

2 oignons de printemps, hachés

1 cs d'huile d'olive

120 g de crème fouettée

Sel (selon les besoins)

Poivre noir (selon les besoins)

55 g de mozzarella, râpée

1 cs de ciboulette, hachée

Valeurs nutritives (par portion)

Calories : 220

18,5 g de graisse

0,2 g de fibres alimentaires

1,8 g de glucides

12,5 g de protéines

1 Chauffer une poêle avec l'huile à feu moyen, ajouter les oignons de printemps, les faire tourner et les faire revenir pendant 3 minutes.

2 Mélanger ensuite les œufs avec la crème fouet-tée. Ajouter du sel et du poivre selon votre goût.

3 Verser la masse d'œufs dans la poêle et mélan-ger avec les oignons.

4 Râper ensuite la mozzarella par-dessus et lais-ser cuire pendant 12 minutes.

5 Répartir sur des assiettes, garnir de ciboulette et servir !

BOL AUX FRUITS ROUGES ET À LA NOIX DE COCO

4 port.   5 minu-   facile
           tes

Ingrédients

140 g de mûres
160 g de fraises
20 g de framboises
1 cs de jus de citron vert
30 g d'amandes, hachées
Amandes
2 cc d'huile de coco

Valeurs nutritives (par portion)

Calories : 200
7,5 g de graisse
4 g de fibres alimentaires
5,7 g de glucides
8 g de protéines

1 Dans un saladier, bien mélanger tous les ingré-dients.

2 Portionner dans de petits bols et servir au petit déjeuner.

Volailles

POULET AU PIMENT ET AU CITRON VERT

4 port.　30 minutes + 2 heures　moyen

Ingrédients

30 g de coriandre, hachée
3 cs de poudre de chili
2 cs de Swerve
Jus de 4 citrons verts
3 cs d'ail, haché
1 cc d'huile d'olive vierge
Sel (selon les besoins)
Poivre noir (selon les besoins)
900 g de cuisses de poulet

Valeurs nutritives (par portion)

Calories : 632
48 g de graisse
41 g de protéines
9 g de glucides
2 g de fibres alimentaires
7 g de glucides nets

1 Prenez un sac de congélation refermable et mettez-y le jus de citron vert, la poudre de piment, la coriandre, le Swerve, le sel, le poivre, l'ail et l'huile d'olive.

2 Ajoutez les cuisses de poulet, fermez le sac et mettez-le au réfrigérateur pendant au moins 2 heures (et au maximum 24 heures).

3 Préchauffez ensuite le four à 190 degrés.

4 Retirer le poulet de la marinade et le laisser revenir à température ambiante pendant environ 20 minutes.

5 Dans une poêle, faire revenir le poulet à feu vif - pendant environ 5 minutes de chaque côté.

6 Cuire ensuite le poulet avec la poêle allant au four pendant environ 20 à 25 minutes - la température à cœur doit être d'environ 75 degrés.

MELTS AU POULET ET AUX CHAMPIGNONS

4 port. | 30 minutes | moyen

Ingrédients

4 filets de poitrine de poulet
Sel (selon les besoins)
Poivre noir (selon les besoins)
1 cc d'huile d'olive vierge
8 tranches de bacon
100 g de champignons de Paris
235 g de fromage cheddar

Valeurs nutritives (par portion)

Calories : 473
30 g de graisse
48 g de protéines
2 g de glucides
2 g de glucides nets

1 Préchauffer un barbecue au gaz ou au charbon de bois.

2 Saler et poivrer les poitrines de poulet et les graisser avec de l'huile d'olive.

3 Recouvrez une assiette de papier absorbant. Faites frire le bacon dans une poêle à feu moyen jusqu'à ce qu'il soit croustillant et déposez-le sur l'assiette préparée. Conservez 1 cuillère à soupe de graisse de bacon dans la poêle.

4 Dans la même poêle, faire chauffer la graisse de lard à feu moyen. Ajouter les champignons et les faire cuire pendant environ 8 minutes jusqu'à ce qu'ils soient tendres. Assaisonner de sel et de poivre. Réserver.

5 Faites cuire les poitrines de poulet pendant 7 à 8 minutes de chaque côté.

6 Préchauffez le barbecue. Préparez une plaque de cuisson.

7 Placez le poulet sur la plaque de cuisson. Répartissez les champignons et les lanières de bacon par-dessus et saupoudrez de cheddar. Grillez jusqu'à ce que le fromage fonde.

DINDE AU STYLE SHAWARMA

4 port.   15 mi-   facile
           nutes

Ingrédients

1 cc d'huile d'olive vierge
55 ml de jus de citron frais
5 gousses d'ail, hachées
2 cc de cumin moulu
2 cc de paprika
1 cc de sel
1 cc de poivre noir
¾ de cc de curcuma moulu
½ cc de noix de muscade
moulue
1 dinde

Valeurs nutritives (par portion)

Calories : 475
27 g de graisse
55 g de protéines
3 g de glucides
1 g de fibres alimentaires
2 g de glucides nets

1 Combinez tous les ingrédients (sauf l'huile d'olive) dans un grand sac refermable avec une fermeture éclair et laissez-le mariner toute la nuit au réfrigérateur.

2 Préchauffer un barbecue au gaz ou au charbon de bois.

3 Sortez la dinde du réfrigérateur et amenez-la à température ambiante. Réservez la marinade.

4 Griller pendant 35 à 40 minutes, retourner de temps en temps et badigeonner de marinade.

POULET RÔTI AVEC ROMARIN & ORANGE

4 port.　　15 mi-　　moyen
　　　　　　nutes

Ingrédients

2 cs de romarin, haché
1 orange, coupée en quatre
12 gousses d'ail, épluchées
3 cs d'huile d'olive vierge
2 cc de sel
2½ cc de poivre noir
450 g de radis
190 g de carottes
1 poulet rôti entier

Valeurs nutritives (par portion)

Calories : 543
32 g de graisse
42 g de protéines
21 g de glucides
6 g de fibres alimentaires
15 g de glucides nets

1 Préchauffez le four à 200 degrés. Préparez une poêle à frire.

2 Dans un mixeur, hachez 2 cuillères à soupe de romarin, le zeste d'orange, 4 gousses d'ail, l'huile d'olive, 1 cuillère à café de sel et ½ cuillère à café de poivre.

3 Mettre les radis, les carottes et 4 autres gousses d'ail dans la poêle. Assaisonnez avec ½ cuillère à café de sel et ½ cuillère à café de poivre et arrosez d'huile d'olive. Posez le poulet sur les légumes, côté poitrine vers le haut.

4 Détachez délicatement la peau de poulet et répartissez uniformément le mélange d'herbes sous la peau. Assaisonnez avec le reste de sel et de poivre.

5 Ajoutez les quartiers d'orange, les branches de romarin et les gousses d'ail restantes dans la cavité du poulet.

6 Rôtir jusqu'à ce que la température interne atteigne 74 degrés ou pendant environ 1½ à 2 heures.

DINDE AU CITRON ET AU DIJON

2 port. 10 minutes facile

Ingrédients

225 g de filet de dinde
1 cc de sel marin
1½ cc de poivre noir
1 cs d'huile d'avocat
½ poivron rouge, coupé en dés
1 cc de vin blanc sec
4 gousses d'ail, hachées
25 g de cœurs d'artichauts, hachés
60 g de crème fouettée
1 cs de moutarde de Dijon
½ cs de feuilles de thym frais
Jus de la moitié d'un citron
2 cs de persil frais, haché

Valeurs nutritives (par portion)

Calories : 327
21 g de graisse
8 g de glucides
2 g de fibres alimentaires
28 g de protéines
6 g de glucides nets

1 Frotter la dinde avec du sel et du poivre noir.

2 Dans une poêle solide, faites chauffer l'huile à feu moyen ou élevé. Ajoutez la dinde et faites-la cuire pendant 3 minutes de chaque côté jusqu'à ce qu'elle soit légèrement dorée. Ajoutez le poivron et faites-le cuire pendant 1 minute ou jusqu'à ce qu'il devienne tendre.

3 Réduisez le feu à un niveau modéré ou bas et ajoutez le vin et l'ail. À l'aide d'une cuillère en bois, retirez tous les morceaux qui se trouvent au fond de la casserole.

4 Ajouter les cœurs d'artichauts, la crème, la moutarde et le thym. Faites cuire pendant 5 à 7 minutes en remuant jusqu'à ce que la sauce commence à épaissir. Ajoutez le jus de citron et assaisonnez avec le reste du sel et du poivre noir.

5 Répartir la dinde et les légumes sur deux assiettes. Garnir de persil et servir.

POULET RÔTI AUX COURGETTES

2 port.   30 mi-   facile
         nutes

Ingrédients

1 cs d'huile d'olive vierge
4 cuisses de poulet désossées et sans peau
Sel marin (selon les besoins)
Poivre noir (selon les besoins)
2 courgettes moyennes
1 cc de thym frais
1 cc de vin rouge sec

Valeurs nutritives (par portion)

Calories : 377
16 g de graisse
8 g de glucides
2 g de fibres alimentaires
47 g de protéines
6 g de glucides nets

1 Faites chauffer une poêle à feu vif. Versez de l'huile jusqu'à ce que la poêle soit recouverte.

2 Saler et poivrer le poulet.

3 Mettre le poulet dans la poêle et le faire revenir pendant 4 à 5 minutes.

4 Retourner après 4 minutes et faire revenir l'autre côté. Réserver.

5 Ajouter les courgettes et le thym dans la poêle et faire revenir pendant 2 à 3 minutes.

6 Répartir les courgettes sur 2 assiettes de service et garnir avec le poulet.

7 Verser délicatement le vin rouge dans la poêle et laisser mijoter pendant environ 2 minutes ou jusqu'à ce qu'il ait réduit de moitié.

8 Verser la sauce au vin sur le poulet et les courgettes.

POULET DE LA PROVENCE

4 port.   10 mi-   moyen
nutes

Ingrédients

2 cs d'huile d'olive vierge
1 oignon rouge, coupé en
fines tranches
2 courgettes moyennes,
coupées en dés
1 pinte de tomate, coupée
en deux
2 gousses d'ail, écrasées
1 cc de vin blanc sec
4 cuisses de poulet désossées et sans peau
1 cc d'herbes de Provence
Sel marin (selon les besoins)
Poivre noir (selon les besoins)
10 g de basilic frais, haché

Valeurs nutritives (par portion)

Calories : 251
12 g de graisse
11 g de glucides
3 g de fibres alimentaires
24 g de protéines
8 g de glucides nets

1 Préchauffez le four à 200 degrés.

2 Faites chauffer une poêle à feu vif. Versez de l'huile jusqu'à ce que la poêle soit recouverte.

3 Ajoutez l'oignon et faites-le revenir pendant 2 à 3 minutes ou jusqu'à ce qu'il soit à peine tendre.

4 Ajoutez les courgettes et faites-les cuire pendant 1 à 2 minutes ou jusqu'à ce qu'elles soient juste dorées.

5 Ajoutez les tomates, l'ail et le vin et faites bien tourner le tout.

6 Badigeonner le poulet d'herbes de Provence et l'assaisonner de sel et de poivre.

7 Mettre dans la poêle et cuire au four pendant environ 15 minutes ou jusqu'à ce que les légumes soient légèrement dorés et cloqués.

8 Garnir de basilic juste avant de servir.

POULET AUX CHAMPIGNONS & À LA CRÈME

2 port. 15 minutes facile

Ingrédients

1 cs d'huile d'olive vierge
4 cuisses de poulet désossées et sans peau
Sel marin (selon les besoins)
Poivre noir (selon les besoins)
175 g de champignons de Paris
1 échalote, hachée
2 cs de porto
60 g de crème fouettée

Valeurs nutritives (par portion)

Calories : 251
20 g de graisse
4 g de glucides
1 g de fibres alimentaires
36 g de protéines
3 g de glucides nets

1 Faites chauffer une poêle à feu vif. Versez de l'huile jusqu'à ce que la poêle soit recouverte.

2 Assaisonnez le poulet avec du sel et du poivre selon votre goût.

3 Mettez le poulet dans une poêle et faites-le cuire pendant 4 à 5 minutes. Réservez.

4 Mettre les champignons dans la poêle et les faire revenir pendant environ 2 minutes ou jusqu'à ce qu'ils soient légèrement dorés. Retourner et cuire pendant 1 minute.

5 Ajoutez l'échalote au mélange et laissez cuire pendant 2 minutes. Ajoutez le porto et faites cuire pendant environ 2 minutes ou jusqu'à ce qu'il se soit en grande partie évaporé.

6 Ajoutez la crème avec le poulet et tous les jus accumulés, puis faites cuire pendant 2 minutes.

POULET AU SOJA ET AU GINGEMBRE DANS DES COQUILLES DE NOUILLES SQUASH

4 port. 5 minutes facile

Ingrédients

1 cs d'huile de sésame
450 g désossés, cuisses de poulet
100 g de bouquets de brocoli
1 cc de gingembre, haché
1 cc d'ail haché
1 cc de sambal oelek
60 g de sauce soja
2 cs de jus de citron vert
1 courge spaghetti cuite au four
2 cs de sésame

Valeurs nutritives (par portion)

Calories : 306
17 g de graisse
20 g de glucides
5 g de fibres alimentaires
25 g de protéines
15 g de glucides nets

1 Faites chauffer une poêle à feu vif. Versez de l'huile jusqu'à ce que la poêle soit recouverte.

2 Séchez le poulet avec une serviette en papier, placez-le dans une poêle et faites-le cuire pendant 4 à 5 minutes.

3 Retourner et faire revenir pendant 4 minutes. Transférez dans un plat. Ajoutez le brocoli dans la poêle et faites-le cuire pendant 2 à 3 minutes.

4 Ajoutez quelques cuillères à soupe d'eau, couvrez le brocoli et faites-le cuire pendant 2 à 3 minutes, selon le croquant et la tendreté que vous souhaitez donner à votre brocoli.

5 Ajoutez l'ail et le gingembre et faites cuire pendant environ 30 secondes.

6 Ajoutez le sambal, la sauce soja et le jus de citron vert avec le poulet et tous les jus accumulés et faites cuire pendant environ 1 minute.

7 Répartir la courge spaghetti sur 4 assiettes de service et garnir avec le poulet et le brocoli. Saupoudrer chaque plat d'environ ½ cuillère à soupe de graines de sésame.

BROCHETTES DE POULET À LA SAUCE THAÏLANDAISE

2 port.   10 mi-   facile
            nutes

Ingrédients

680 g de cuisses de poulet désossées

1 cs d'huile de colza

Sel marin (selon les besoins)

Poivre noir (selon les besoins)

85 g de beurre de cacahuète naturel

Jus d'un citron vert

1 cs de sauce soja

1 cc de gingembre frais, haché

1 cc d'ail haché

1 cc de sambal oelek

2 - 3 gouttes de stévia liquide

1 cc d'eau chaude

Valeurs nutritives (par portion)

Calories : 586

43 g de graisse

10 g de glucides

3 g de fibres alimentaires

44 g de protéines

7 g de glucides nets

1 Préchauffez un barbecue à gaz à feu moyen, allumez un barbecue au charbon de bois ou placez, à feu moyen, une lourde poêle à griller sur la cuisinière.

2 Piquer les cuisses de poulet sur 8 brochettes en bambou, les graisser avec de l'huile, puis les assaisonner de sel et de poivre.

3 Placez le poulet sur le barbecue et faites-le cuire pendant 5 minutes de chaque côté ou jusqu'à ce qu'il soit bien cuit et légèrement doré.

4 Entre-temps, pour la sauce aux cacahuètes, fouetter le beurre de cacahuètes dans un bol de taille moyenne avec le jus de citron vert, la sauce soja, le gingembre, l'ail, le sambal oelek et la stévia liquide. Verser lentement l'eau en pluie sans cesser de remuer.

CANARD AUX COURGETTES

4 port.

35 mi-
nutes

facile

Ingrédients

450 g de magrets de canard,
coupés en dés
2 courgettes, coupées en
rondelles
1 cs d'huile d'avocat
2 échalotes, hachées
½ cc de poudre de chili
0,25 l de bouillon de poule
Sel (selon les besoins)
Poivre noir (selon les besoins)

Valeurs nutritives (par portion)

Calories : 450
23 g de graisse
3 g de fibres alimentaires
8,3 g de glucides
50 g de protéines

1 Chauffer une poêle avec l'huile à feu moyen,
ajouter les échalotes, remuer et faire revenir pendant 5 minutes.

2 Ajoutez la viande et les autres ingrédients, remuez, portez à ébullition et faites cuire à feu
moyen pendant 30 minutes.

3 Répartissez le mélange dans des bols et servez.

DINDE ET POIVRONS

4 port.   10 mi-   facile
nutes

Ingrédients

450 g de viande de dinde
1 cs d'huile d'olive
3 gousses d'ail, hachées
200 g de tomates hachées
1 poivron rouge, coupé en
lanières
1 poivron vert, coupé en lanières
 Sel (selon les besoins)
 Poivre noir (selon les besoins)
1 cs de coriandre, moulue
2 cs de gingembre, râpé
2 cs de poudre de chili

Valeurs nutritives (par portion)

Calories : 460
4 g de graisse
3 g de fibres alimentaires
2 g de glucides
12 g de protéines

1 Chauffer une poêle avec l'huile à feu moyen, ajouter l'ail et la viande et faire revenir pendant 5 minutes.

2 Ajouter le poivron et laisser cuire encore pendant 5 minutes.

3 Ajoutez le reste des ingrédients, remuez, portez à ébullition et faites cuire encore pendant 20 minutes à feu moyen.

4 Répartir le tout dans des coupelles et servir.

Soupes et salades

SOUPE AU POULET ET AUX CHAMPIGNONS

4 port.   20 mi-   facile
           nutes

Ingrédients

2 cs d'huile d'olive

1,5 Kg de filets de poulet, coupés en morceaux de 1 cm

1 gros oignon, coupé en dés

200 g de champignons émincés

1 cs d'ail, haché

1 l de bouillon de poule

Sel (selon les besoins)

Poivre noir (selon les besoins)

Valeurs nutritives (par portion)

Calories : 427

27 g de graisse

46 g de protéines

12 g de glucides

3 g de fibres alimentaires

9 g de glucides nets

1 Chauffez l'huile d'olive à feu moyen ou élevé dans une marmite à soupe. Ajoutez le poulet, l'oignon, les champignons et l'ail et faites cuire en remuant souvent jusqu'à ce que le poulet commence à dorer.

2 Ajoutez le bouillon de poulet et portez à ébullition.

3 Laissez mijoter pendant environ 14 minutes, jusqu'à ce que le poulet soit bien cuit.

4 Saler et poivrer.

SOUPE DE POIVRONS ROUGES

4 port. 60 minutes moyen

Ingrédients

4 poivrons rouges
5 gousses d'ail, épluchées
2 cs d'huile d'olive
25 g d'oignon, haché
300 ml de bouillon de légumes ou de poulet
3 cs de concentré de tomates
120 g de crème fouettée
Sel (selon les besoins)

Valeurs nutritives (par portion)

Calories : 247
19 g de graisse
3 g de protéines
15 g de glucides
3 g de fibres alimentaires
12 g de glucides nets

1 Préchauffer le four à 200 degrés. Tapisser une plaque de cuisson de papier sulfurisé.

2 Déposer les poivrons et l'ail sur la plaque de cuisson préparée et les arroser d'huile d'olive.

3 Cuire pendant 30 minutes, en retournant les poivrons et l'ail toutes les 10 minutes, jusqu'à ce qu'ils soient complètement grillés.

4 Retirer l'ail de la plaque de cuisson et le mettre de côté. Mettre les poivrons dans un bol, les couvrir et les laisser reposer pendant 10 minutes. Retirer la peau, les pépins et les tiges et mettre de côté.

5 Faites chauffer, à feu moyen, 2 cuillères à soupe d'huile d'olive dans une marmite à soupe. Ajoutez les oignons et faites-les cuire pendant environ 7 minutes, en remuant souvent, jusqu'à ce qu'ils commencent à dorer.

6 Dans un mixeur, réduire en purée le bouillon, le concentré de tomates, les oignons, l'ail et les poivrons grillés jusqu'à obtenir une masse lisse.

7 Versez le mélange dans la marmite de soupe, ajoutez la crème fouettée et assaisonnez le tout de sel et de poivre. Laissez mijoter jusqu'à ce que ce soit chaud.

SOUPE DE LÉGUMES SAUTÉS

4 port. | 30 minutes | facile

Ingrédients

2 cs d'huile d'olive
125 g de haricots verts frais
280 g de chou-fleur, coupé en dés
2 cs d'ail, haché
1,5 l de bouillon de légumes
1 boîte de tomates coupées en dés
125 g de chou vert, haché
Sel (selon les besoins)
Poivre noir (selon les besoins)
Herbes fraîches, hachées
Jus de ½ citron

Valeurs nutritives (par portion)

Calories : 270
10 g de graisse
14 g de protéines
19 g de glucides
6 g de fibres alimentaires
13 g de glucides nets

1 Chauffer l'huile d'olive dans une grande marmite à soupe à feu moyen.

2 Ajoutez les haricots verts et le chou-fleur et faites-les cuire pendant 7 à 9 minutes en les remuant souvent.

3 Ajouter l'ail et faire revenir encore pendant 2 minutes, en remuant de temps en temps.

4 Augmentez le feu, ajoutez le bouillon de légumes, les dés de tomates et le chou vert et portez le tout à ébullition.

5 Couvrir et laisser mijoter à feu doux pendant 15 à 20 minutes jusqu'à ce que les légumes soient tendres.

6 Assaisonner de sel et de poivre. Servir avec des herbes fraîches et du jus de citron fraîchement pressé.

SOUPE DE LÉGUMES ET DE HARICOTS CHIPOTLE

2 port.   15 mi-   facile
            nutes

Ingrédients

2 cs d'huile d'olive
1 branche de céleri, coupée en fines tranches
1 petite carotte, hachée
½ oignon blanc, haché
3 gousses d'ail, coupées en fines tranches
0,5 l de bouillon de légumes
1 boîte de tomates coupées en dés
65 g de chou vert, haché
80 g d'edamame congelé
120 g de haricots verts de la taille d'une bouchée
½ cs de poudre de chipotle
Sel marin (selon les besoins)
Poivre noir (selon les besoins)
1 cs de coriandre fraîche, hachée
1 citron vert, coupé en deux

Valeurs nutritives (par portion)

Calories : 252
17 g de graisse
23 g de glucides
9 g de fibres alimentaires
8 g de protéines
14 g de glucides nets

1 Dans une petite marmite à soupe, faire chauffer l'huile à feu moyen.

2 Ajoutez le céleri, la carotte et l'oignon et faites cuire pendant 7 à 9 minutes en remuant souvent, jusqu'à ce que les légumes commencent à brunir.

3 Ajoutez l'ail et laissez cuire pendant encore 2 minutes.

4 Augmenter le feu et ajouter le bouillon de légumes, les tomates, le chou vert chipotle, la poudre, les haricots verts et l'edamame et porter à ébullition.

5 Réduire le feu, couvrir et laisser mijoter 10 à 15 minutes jusqu'à ce que les haricots verts soient tendres. Saler et poivrer.

6 Pour servir, répartir la soupe dans deux assiettes et garnir de coriandre et d'un trait de jus de citron vert.

SOUPE DE PORC AU GINGEMBRE ET AU SÉSAME

2 port.   10 mi-   facile
            nutes

Ingrédients

½ cs d'huile d'olive
1 cc d'huile de sésame
230 g de graisse
2 petites carottes, coupées
en dés
1½ cc de gingembre, haché
1 l de bouillon de poule
2 cs de sauce soja
100 g de pois mange-tout
coupés en deux
30 g de feuilles de bok-choï
finement coupées
Sel marin (selon les besoins)
Poivre noir (selon les besoins)
½ piment jalapeño, coupé
en fines tranches
30 g de coriandre, hachée
Jus d'un citron vert

Valeurs nutritives (par portion)

Calories : 414
30 g de graisse
14 g de glucides
4 g de fibres alimentaires
23 g de protéines
10 g de glucides nets

1 Dans une marmite à soupe, faites chauffer les deux huiles à feu moyen. Ajoutez le porc, les carottes et le gingembre et faites cuire pendant 5 à 7 minutes en remuant souvent, jusqu'à ce que le porc commence à brunir.

2 Augmentez le feu, ajoutez le bouillon de poulet et la sauce soja et portez à ébullition. Couvrez et faites cuire les pois mange-tout pendant 10 minutes à feu doux.

3 Incorporer les feuilles de pak-choï et assaisonner de sel et de poivre.

4 Répartissez dans deux bols et servez chaque plat garni de jalapeño, de coriandre et de jus de citron vert.

SOUPE CRÉMEUSE AU POULET ET AUX ÉPINARDS

2 port.   30 minutes   facile

Ingrédients

2 cs d'huile d'olive vierge
250 g de cuisses de poulet sans os et sans peau
1 branche de céleri, coupée en fines tranches
1 petite carotte, hachée
½ oignon blanc, haché
3 gousses d'ail, coupées en fines tranches
0,5 l de bouillon de poule
1 cc de feuilles de thym frais, hachées
½ cc de romarin frais, haché
60 g d'épinards, effilochés
Sel marin (selon les besoins)
Poivre noir (selon les besoins)
2 cs de parmesan

Valeurs nutritives (par portion)

Calories : 480
11 g de glucides
2 g de fibres alimentaires
23 g de protéines
9 g de glucides nets

1 Dans une marmite à soupe, faire chauffer l'huile à feu moyen. Ajoutez le poulet, le céleri, la carotte, l'oignon et l'ail et faites cuire en remuant souvent jusqu'à ce que le poulet commence à brunir.

2 Faites cuire quelques minutes de plus à feu vif, puis ajoutez le bouillon de poulet, le thym et le romarin.

3 Pendant 10 à 15 minutes, couvrir et laisser mijoter à feu doux jusqu'à ce que le poulet soit complètement cuit.

4 Incorporer les épinards. Saler et poivrer.

5 Répartir dans deux bols, garnir de parmesan et servir.

SALADE D'OIGNONS ROUGES ET DE CONCOMBRES

2 port.   5 minutes   facile

Ingrédients

125 g de crème aigre
1 cs d'aneth frais, haché
1 cc de vinaigre de cidre
½ cc de sucre cristallisé
½ cc de poivre noir
¼ de cc de sel marin
1 concombre, coupé en fines tranches
¼ d'oignon rouge, coupé en fines tranches

Valeurs nutritives (par portion)

Calories : 138
11 g de graisse
8 g de glucides
1 g de fibres alimentaires
2 g de protéines
7 g de glucides nets

1 Dans un bol, mélangez la crème aigre, l'aneth, le vinaigre, le succédané de sucre, le poivre et le sel.

2 Ajouter les concombres et l'oignon rouge et bien mélanger.

3 Servir.

SALADE À L'AVOCAT, À LA FRAISE ET À LA MENTHE

2 port. 10 minutes facile

Ingrédients

0,25 l d'huile d'avocat

2 cs de jus de citron vert frais

Sel marin (selon les besoins)

Poivre noir (selon les besoins)

180 g de jeunes épinards

63 g de fraises, coupées en tranches

1 avocat, coupé en dés

55 g de fromage de chèvre, émietté

7,5 g de menthe finement ciselée

30 g d'amandes grillées

Valeurs nutritives (par portion)

Calories : 619

56 g de graisse

23 g de glucides

14 g de fibres alimentaires

9 g de glucides nets

15 g de protéines

1 Dans un petit bol, mélanger l'huile et le jus de citron vert, saler et poivrer. Réservez.

2 Répartir les épinards sur deux assiettes. Répartir uniformément et garnir de fraises, d'avocat, de fromage de chèvre, de menthe et d'amandes.

3 Verser la vinaigrette sur les salades juste avant de servir.

DÉLICIEUSE SALADE DE SAUCISSES

4 port.   10 mi-   facile
nutes

Ingrédients

8 morceaux de saucisse de
viande, coupés en tranches
450 g de tomates cerises
120 g de jeunes épinards
1 cs d'huile d'avocat
450 g de fromage mozza-
rella, coupé en dés
2 cs de jus de citron
155 g de pesto de basilic
Sel (selon les besoins)
Poivre noir (selon les besoins)

Valeurs nutritives (par portion)

Calories : 250
12 g de graisse
3 g de fibres alimentaires
8 g de glucides
18 g de protéines 4

1 À feu moyen, chauffer une poêle propre avec
l'huile, y déposer les tranches de saucisse, remuer
et faire cuire pendant 4 minutes de chaque côté.

2 Entre-temps, dans un saladier, mélanger les
épinards avec la mozzarella, les tomates, le sel, le
poivre, le jus de citron, le pesto et faire tourner.

3 Ajouter les morceaux de saucisse,les faire tourner encore une fois et servir.

SALADE DE PASTÈQUE ET D'AVOCAT

4 port.

2 heu-
res

facile

1 Dans un saladier, mélanger les avocats avec la pastèque et les autres ingrédients, faire tourner et mettre au frais pendant 2 heures avant de servir.

Ingrédients

2 avocats dénoyautés, coupés en dés
300 g de pastèque, coupée
en dés
1 cs de stévia
240 g de crème fouettée
1 cs de menthe, hachée

Valeurs nutritives (par portion)

Calories : 240
24,5 g de graisse
6,3 g de fibres alimentaires
14,1 g de glucides
2,8 g de protéines

SALADE CAPRESE

4 port.   10 mi-   facile
            nutes

Ingrédients

2 boules de fromage moz-
zarella, coupées en mor-
ceaux de 1 cm
2 tomates moyennes
2 cs de vinaigre balsamique
2 cs d'huile d'olive vierge
4 feuilles de basilic frais, hachées
Sel marin (selon les besoins)
Poivre noir (selon les besoins)

Valeurs nutritives (par portion)

Calories : 233
21 g de graisse
3 g de glucides
1 g de fibres alimentaires
11 g de protéines
2 g de glucides nets

1 Disposer la mozzarella et les tomates sur des assiettes de service.

2 Arroser de vinaigre et d'huile et garnir de basilic frais.

3 Saler et poivrer.

SALADE D'ÉPINARDS ET DE LARD

4 port. 20 minutes facile

Ingrédients

Pour la salade :

4 gros œufs

450 g de lard, coupé en morceaux

38 g de jeunes épinards

26 g d'oignon rouge

Pour la vinaigrette :

3 cs d'huile d'olive vierge

2 cs de vinaigre balsamique

½ cs d'ail, haché

Sel (selon les besoins)

Poivre noir (selon les besoins)

Valeurs nutritives (par portion)

Calories : 589

47 g de graisse

36 g de protéines

6 g de glucides

2 g de fibres alimentaires

4 g de glucides nets

1 Placez les œufs dans une casserole et recouvrez-les de 2 cm d'eau froide. Couvrez la casserole, portez à ébullition à feu vif et faites cuire pendant 7 à 8 minutes.

2 Retirer du feu et laisser refroidir. Écaler les œufs, les couper en tranches et les mettre de côté.

3 Placez des serviettes en papier sur un plat. Faites cuire le bacon pendant 8 à 10 minutes jusqu'à ce qu'il soit croustillant.

4 Déposez le lard sur l'assiette recouverte de papier absorbant. Conservez la graisse du lard dans la poêle.

5 Dans un bol, fouetter l'huile d'olive, le vinaigre balsamique, l'ail et 3 cuillères à soupe de la graisse de lard réservée. Assaisonner de sel et de poivre.

6 Répartissez les épinards dans 4 bols, ajoutez le lard, l'oignon rouge et les œufs coupés en morceaux, puis arrosez le tout de vinaigrette.

Plats d'accompagnement

TOMATES ROMA GRILLEES AU THYM

2 port. 35 mi- facile
nutes

Ingrédients

4 tomates Roma, coupées
en tranches de 0,5 cm
d'épaisseur
6 gousses d'ail, hachées
1 cs d'huile d'avocat
½ cc de sel marin
½ cc de poivre noir (selon
les besoins)
5 brins de thym, feuilles ef-
feuillées

Valeurs nutritives (par portion)

Calories : 118
7 g de graisse
13 g de glucides
3 g de fibres alimentaires
3 g de protéines
10 g de glucides nets

1 Préchauffer le four à 200 degrés. Tapisser une
plaque de cuisson de papier sulfurisé.

2 Dans un saladier, mélanger les tomates, l'ail,
l'huile, le sel et le poivre et placer le tout sur la
plaque de cuisson préparée.

3 Faites cuire les ingrédients mélangés pendant
20 à 30 minutes.

4 Retirer du four, parsemer de feuilles de thym,
remettre au four et laisser cuire encore pendant
5 minutes.

5 Servir chaud.

FRITES DE TOMATES VERTES & AÏOLI CAJUN

2 port.   10 mi-nutes   moyen

Ingrédients

3 cs de mayonnaise
1 citron, pressé à moitié et coupé en quartiers
2 cc d'épices cajun
1 gousse d'ail, hachée
½ cc de sel marin
½ cc de poivre noir
45 g de farine d'amande
2 cs de parmesan râpé
1 cc de levure chimique
½ cc de paprika
1 gros œuf
1 cc d'huile d'avocat
1 grosse tomate verte
Basilic frais, haché

Valeurs nutritives (par portion)

Calories : 461
43 g de graisse
12 g de glucides
4 g de fibres alimentaires
10 g de protéines
8 g de glucides nets

1 Mélanger le jus de citron, la mayonnaise, les épices cajun et l'ail dans un bol. Assaisonner avec du sel et du poivre.

2 Placer une grille sur une plaque de cuisson et la mettre de côté.

3 Dans une grande assiette, mélanger la farine d'amandes, le parmesan, le bicarbonate de soude, le paprika en poudre, ½ cuillère à café de sel et ½ cuillère à café de poivre. Dans un petit bol, battre délicatement l'œuf.

4 Dans une poêle en fonte de 25 cm, faites chauffer l'huile d'avocat à feu moyen ou élevé pendant 1 minute.

5 Travaillez par lots d'environ 3 tranches, trempez les tomates dans l'œuf puis dans le mélange de farine d'amande. Faites-les frire de chaque côté jusqu'à ce qu'elles soient dorées et croustillantes. Égouttez les tomates sur la grille. Répétez avec les tranches de tomates restantes.

6 Répartir les tranches de tomates sur deux assiettes et les recouvrir d'environ 2 cuillères à soupe d'aïoli. Parsemer de basilic et servir avec des quartiers de citron à presser.

RIZ FRIT DE CHOU-FLEUR AVEC DU CHILI & DU CUMIN

2 port.   10 minutes   facile

Ingrédients

1 cs d'huile d'avocat
½ oignon blanc, haché
3 gousses d'ail, hachées
210 g de riz de chou-fleur
1 cs de poudre de chili
1 cc de cumin moulu
½ cc de sel marin
½ cc de poivre noir
2 cs de coriandre fraîche, hachée
1 échalote, hachée
½ citron vert, pressé

Valeurs nutritives (par portion)

Calories : 125
8 g de graisse
13 glucides :
5 g de fibres alimentaires :
4 g de protéines
8 g de glucides nets

1 Dans une poêle de taille moyenne, faites chauffer l'huile à feu moyen jusqu'à ce qu'elle devienne luisante. Ajoutez l'oignon et l'ail et faites-les revenir pendant 2 minutes ou jusqu'à ce que l'oignon devienne tendre.

2 Ajoutez le riz de chou-fleur et faites-le cuire en remuant pendant 5 à 7 minutes jusqu'à ce qu'il soit tendre et légèrement doré. Ajoutez la poudre de piment, le cumin, le sel et le poivre.

3 Cuire pendant 3 minutes en remuant constamment jusqu'à ce que le chou-fleur soit tendre.

4 Répartir sur deux assiettes et garnir de coriandre, d'oignons de printemps et de jus de citron vert.

COURGE SPAGHETTI CUITE AU FOUR

4 port. 30 mi-nutes facile

Ingrédients

1 grande courge spaghetti
Sel marin (selon les besoins)

Valeurs nutritives (par portion)

Calories : 70
1 g de graisse
16 g de glucides
2 g de protéines
16 g de glucides nets

1 Réglez la température du four à 175 degrés. Couvrez une plaque de cuisson de papier sulfurisé.

2 Coupez la courge spaghetti transversalement en rondelles de 2,5 cm d'épaisseur et grattez les graines et les filaments.

3 Placez les anneaux de courge en une seule couche sur la plaque de cuisson.

4 Glissez la plaque de cuisson dans le four et faites cuire la citrouille pendant 25 minutes.

5 Utilisez une fourchette pour gratter délicatement l'intérieur de la citrouille dans un saladier et jetez la peau. Assaisonnez avec du sel.

CHAMPIGNONS FARCIS AU PORC

4 port.

30 mi-nutes

facile

Ingrédients

20 à 24 champignons de taille moyenne
2 cs d'huile d'olive vierge
1 cc d'ail haché
2 cc de gingembre frais, râpé
450 g de graisse
1 cs de sauce soja
2 cc d'huile de sésame
Sel (selon les besoins)
Poivre noir (selon les besoins)

Valeurs nutritives par portion

Calories : 350
26 g de graisse
24 g de protéines
5 g de glucides
1 g de fibres alimentaires
4 g de glucides nets

1 Préchauffer le four à 180 degrés. Tapisser une plaque de cuisson de papier sulfurisé.

2 Séparer les pieds des champignons, les hacher et les mettre de côté.

3 Chauffer l'huile d'olive dans une poêle à feu moyen. Ajoutez l'ail et les pieds de champignons et faites cuire en remuant jusqu'à ce que les champignons soient tendres.

4 Ajoutez le gingembre et faites cuire encore une minute. Retirer du feu et laisser refroidir.

5 Dans un grand récipient, mélangez la graisse, la sauce soja, l'huile de sésame et les pieds de champignons, puis assaisonnez le mélange avec du sel et du poivre.

6 Disposez les têtes de champignons sur le moule à pâtisserie. À l'aide d'une cuillère, déposez une petite quantité de mélange de porc et de champignons dans chacun des chapeaux.

7 Faites cuire les chapeaux jusqu'à ce que la température interne du porc atteigne 75 degrés ou pendant 20 à 25 minutes.

RÔTI DE COURGE DE GLAND AU VINAIGRE BALSAMIQUE

4 port. 10 minutes facile

Ingrédients

1 courge de gland coupée en deux, en wedges de 1 cm
1 cc d'huile d'olive vierge
3 cs de vinaigre balsamique
2 cc de thym frais
Sel (selon les besoins)
Poivre noir (selon les besoins)

Valeurs nutritives (par portion)

Calories : 177
13 g de graisse
1 g de protéines
14 g de glucides
2 g de fibres alimentaires
12 g de glucides nets

1 Préchauffer le four à 200 degrés. Tapisser une plaque de cuisson de papier sulfurisé.

2 Mélanger la courge avec l'huile d'olive dans un grand bol préparé à l'avance, avec le vinaigre balsamique et le thym et assaisonner avec du sel et du poivre.

3 Déposer la courge sur la plaque de cuisson préparée.

4 Cuire au four pendant 30 à 40 minutes.

CITRON AVEC HARICOTS VERTS ET MENTHE

4 port.   5 minu-   facile
tes

Ingrédients

450 g de haricots verts
1 cs d'huile d'olive vierge
Zeste et jus d'un citron
2 cs de menthe fraîche hachée
Sel marin (selon les besoins)

Valeurs nutritives (par portion)

Calories : 66
4 g de graisse
8 g de glucides
4 g de glucides nets
4 g de fibres alimentaires
2 g de protéines

1 Placez les haricots verts dans un panier vapeur mis dans une grande casserole, dans environ 2,5 cm d'eau.

2 Laissez mijoter les haricots verts pendant 7 à 8 minutes ou jusqu'à ce que les haricots verts soient tendres, puis retirez le couvercle.

3 Mettre les haricots dans un bol et les garnir d'huile, de zeste et de jus de citron ainsi que de menthe. Assaisonnez avec du sel et servez chaud.

BROCOLI CRÉMEUX

4 port.   5 minu-
            tes   facile

Ingrédients

2 cs d'huile d'olive vierge

2 têtes de brocoli, coupées
en bouquets

1 grosse gousse d'ail, écra-
sée

Flocons de poivron rouge,
en purée

120 ml de bouillon de poule

120 ml de yaourt nature au
lait entier

Sel marin (selon les besoins)

Valeurs nutritives (par portion)

Calories : 162

9 g de graisse

17 g de glucides

7 g de fibres alimentaires

8 g de protéines

10 g de glucides nets

1 Chauffer une grande poêle à feu moyen, puis y verser l'huile et l'incliner pour en recouvrir le fond.

2 Travaillez en 2 lots, mettez le brocoli en une seule couche dans la poêle et faites-le cuire pendant environ 2 minutes ou jusqu'à ce qu'il soit légèrement doré. Transférer dans un grand bol. Répétez avec le reste des brocolis.

3 Remettez tout le brocoli dans la poêle, puis ajoutez l'ail et les flocons de paprika et faites cuire le mélange jusqu'à ce que l'ail soit parfumé.

4 Ajoutez le bouillon et couvrez la casserole avec un couvercle hermétique.

5 Régler le feu à une température moyenne ou basse et laisser cuire pendant environ 10 minutes.

6 Retirez le couvercle. Réduisez le brocoli en purée à l'aide d'un mixeur ou d'un presse-purée jusqu'à ce qu'il soit en grande partie lisse, mais qu'il contienne encore quelques gros morceaux.

7 Ajoutez le yaourt au mélange et salez.

SAUCE AU RAIFORT & CHAMPIGNONS

4 port.

10 minutes

facile

Ingrédients

120 g de crème aigre
120 g de raifort préparé
Sel (selon les besoins)
Poivre noir (selon les besoins)
1 cs d'huile d'olive vierge
2 cs de beurre
22 champignons de taille moyenne, pieds enlevés
1 cs d'ail, haché
1 cs de thym, haché
Jus de la moitié d'un citron

Valeurs nutritives (par portion)

Calories : 196
16 g de graisse
5 g de protéines
8 g de glucides
2 g de fibres alimentaires
6 g de glucides nets

1 La crème aigre et le raifort sont mélangés dans un petit bol, puis assaisonnés de sel et de poivre.

2 Le beurre et l'huile d'olive doivent être chauffés à feu moyen dans une grande poêle à frire.

3 Incorporer les champignons et laisser cuire 5 minutes en remuant souvent. Ajoutez l'ail et le thym et faites cuire encore pendant 2 minutes.

4 Assaisonner la poêle avec du sel, du poivre et le jus de la moitié d'un citron.

5 Servir les champignons avec la sauce crémeuse au raifort sur le côté.

CROQUETTES AU SAUMON

4 port. | 15 minutes | facile

Ingrédients

1 filet de saumon
120 ml de litre d'eau
Jus d'un citron, fractionné
Sel (si nécessaire), poivre noir (si nécessaire)
2 gros œufs
75 g de mayonnaise
90 g de parmesan râpé
120 g de farine d'amande
½ cs d'ail, haché
2 cs d'huile d'olive vierge

Valeurs nutritives (par portion)

398 Calories :
28 g de graisse
33 g de protéines
3 g de glucides
1 g de fibres alimentaires
2 g de glucides nets

1 Dans une poêle à feu moyen, placez le saumon côté peau vers le bas. Ajoutez l'eau et la moitié du jus de citron et assaisonnez avec du sel et du poivre.

2 Couvrez la poêle, faites cuire et laissez cuire pendant environ 10 minutes jusqu'à ce que le saumon soit cuit. Posez le saumon sur une assiette et laissez-le refroidir.

3 Retirez la peau et hachez le saumon.

4 Dans un bol déjà apprêté, mélangez le saumon, les œufs, la mayonnaise, le parmesan, la poudre d'amandes, l'ail et le reste du jus de citron jusqu'à ce que tout soit bien mélangé.

5 Avec vos mains, façonnez le mélange en 8 boulettes différentes (6 cm).

6 Chauffer une poêle à feu moyen et y faire chauffer l'huile d'olive. Y déposer les boulettes et les faire cuire pendant environ 2 minutes de chaque côté, jusqu'à ce qu'elles soient bien dorées.

DÉLICIEUX CEVICHE DE POISSON

4 port.

15 minutes

facile

Ingrédients

450 g de poisson blanc frais, coupé en morceaux de 1 cm
190 g de tomates coupées en dés
240 g de jus de citron vert frais
12 g de coriandre, hachée
13 g d'oignon rouge haché
Sel (si nécessaire), poivre noir (si nécessaire)

Valeurs nutritives (par portion)

108 Calories :
1 g de graisse
21 g de protéines
4 g de glucides
1 g de fibres alimentaires
3 g de glucides nets

1 Mélangez le poisson, les tomates, le jus de citron vert, la coriandre et l'oignon dans un récipient en verre ou en inox et assaisonnez avec du sel et du poivre.

2 Couvrez le mélange et laissez-le mariner au réfrigérateur pendant au moins 4 heures ou jusqu'à ce que le poisson ait l'air plus ferme et opaque.

BOUCHÉES DE SAUMON ET D'AVOCAT

4 port. 30 minutes facile

Ingrédients

1 gros avocat, réduit en purée

2 cs d'oignon rouge haché

1 cs d'aneth frais, haché

Sel (si nécessaire), poivre noir (si nécessaire)

1 ou 2 concombres, coupés en tranches de 0,5 cm

225 g de saumon fumé, coupé en morceaux de la taille d'une bouchée

Jus de citron pressé

Huile d'olive vierge

Valeurs nutritives (par portion)

178 Calories :

9 g de graisse

12 g de protéines

10 g de glucides

4 g de fibres alimentaires

6 g de glucides nets

1 Mettez d'abord l'avocat, l'oignon rouge et l'aneth dans un petit bol et malaxez-les jusqu'à ce qu'ils soient bien mélangés. Assaisonnez avec du sel et du poivre.

2 Assemblez les différentes bouchées en répartissant le mélange d'avocats sur une tranche de concombre et en y ajoutant un peu de saumon fumé.

3 Répéter l'opération avec les tranches de concombre restantes.

4 Garnir de poivre, de jus de citron et d'un trait d'huile d'olive.

Viandes

PORC RÔTI AVEC SALADE DE POMMES ET DE CHOU

4 port. 10 minutes moyen

Ingrédients

2 cs d'huile de colza, fractionnées
1 filet de porc désossé
Sel marin (si nécessaire),
Poivre noir
1 cs de romarin, haché
1 pomme, coupée en 8 morceaux
½ tête de chou rouge, en fines tranches
1 cs de vinaigre de cidre
60 g de persil plat haché

Valeurs nutritives (par portion)

263 Calories :
11 g de graisse
15 g de glucides
5 g de fibres alimentaires
28 g de protéines
10 g de glucides nets

1 Chauffez le four à 200 degrés. Chauffez 1 cuillère à soupe d'huile d'olive dans une grande poêle et inclinez-la pour couvrir le fond.

2 Assaisonner généreusement avec du sel, du poivre et du romarin, après avoir séché la viande de porc avec du papier absorbant.

3 Mettre la viande de porc dans la poêle et la faire revenir pendant environ 10 minutes au total ou jusqu'à ce qu'elle soit légèrement dorée de tous les côtés.

4 Dans un grand bol, mélangez la pomme, le chou et l'oignon avec une cuillère à soupe d'huile. Saupoudrez bien ceci autour de la viande de porc dans la poêle.

5 Placez la poêle dans le four et faites-la cuire pendant 10 minutes ou jusqu'à ce que la viande de porc soit bien cuite et que les légumes soient croustillants. Placez la viande de porc sur une planche à découper pour la laisser reposer.

6 Ajoutez le vinaigre de cidre et le persil dans la poêle et remuez délicatement. Trancher la viande de porc en diagonale et servir avec la salade de chou.

BŒUF & CHAMPIGNONS STROGANOFF

4 port.

10 minutes

facile

Ingrédients

1 cs d'huile de colza

450 g de steak d'entrecôte, coupé en fines tranches

1 oignon, coupé en fines tranches

220 g de champignons de Paris, émincés

0,60 ml d'1 vin blanc sec

240 ml de bouillon de bœuf

1 cc de moutarde complète

120 g de crème aigre

Sel marin (selon les besoins)

Poivre noir (selon les besoins)

32 g de persil à feuilles lisses

Valeurs nutritives (par portion)

328 Calories :

20 g de graisse

8 g de glucides

2 g de fibres alimentaires

28 g de protéines

6 g de glucides nets

1 Chauffez fortement une grande poêle jusqu'à ce qu'elle soit chaude, puis versez-y l'huile et inclinez-la pour en recouvrir le fond.

2 Ajoutez le steak et faites-le cuire pendant 2 à 3 minutes ou juste jusqu'à ce qu'il soit cuit. Transférez sur un plat. Ajoutez les champignons et l'oignon et faites cuire pendant 5 minutes ou jusqu'à ce qu'ils soient tendres.

3 Ajoutez délicatement le brandy pour déglacer la poêle et grattez les morceaux brunis du fond. Faites cuire pendant 1 minute pour qu'une partie de l'alcool s'évapore.

4 Ajoutez le bouillon de bœuf et la moutarde, portez à ébullition et laissez cuire 2 à 3 minutes ou jusqu'à ce qu'ils soient légèrement réduits.

5 Remettre le bœuf dans la poêle et faire cuire 2 à 3 minutes. Retirer la poêle du feu et incorporer la crème aigre. Assaisonnez avec du sel et du poivre.

6 Pour servir, mettre le bœuf et les champignons sur un plateau approprié pour servir et garnir avec le persil.

RÔTI D'AUBERGINE AVEC VIANDE D'AGNEAU

4 port.   5 minu-   moyen
          tes

Ingrédients

2 aubergines de taille
moyenne, coupées en 0,5
cm
5 cs d'huile d'olive vierge
Sel marin (selon les besoins)
½ petit oignon rouge, ha-
ché
450 g d'agneau
1 cs de concentré de to-
mates
1 cc d'ail haché
½ cc de cannelle en poudre
⅛ cc de piment moulu
Poivre noir
140 g de yaourt nature au
lait entier
30 g de pignons de pin
25 g de persil plat

Valeurs nutritives (par portion)

Calories : 625
60 g de graisse
20 g de glucides
11 g de fibres alimentaires
24 g de protéines
9 g de glucides nets

1 Préchauffez le four à 190 degrés. Mélanger les aubergines dans un bol avec 4 cuillères à soupe d'huile et les répartir sur une plaque à pâtisserie à rebords. Assaisonner de sel.

2 Placez la plaque de cuisson dans le four et faites cuire pendant 25 minutes.

3 Entre-temps, faites chauffer une grande poêle à feu moyen jusqu'à ce qu'elle soit chaude, puis versez-y une cuillère à soupe d'huile et inclinez-la pour en recouvrir le fond. Ajoutez l'oignon et faites-le cuire pendant 3 minutes ou jusqu'à ce qu'il commence à ramollir.

4 Ajoutez l'agneau et faites-le cuire pendant environ 5 minutes ou jusqu'à ce qu'il soit presque cuit. Ajoutez le concentré de tomates et faites-le cuire pendant 2 minutes.

5 Ajouter l'ail, la cannelle et le piment et assaisonner généreusement de sel et de poivre. Laisser cuire pendant 1 minute pour que les arômes s'unissent.

6 Pour servir, disposer quelques tranches d'aubergine sur chaque assiette. Couvrir avec le mélange de viande d'agneau. Arroser de yogourt et parsemer de pignons de pin et de persil.

CÔTES DE PORC ET RIZ DE CHOU-FLEUR

4 port.   15 mi-   moyen
            nutes

Ingrédients

2 carrés de côtes levées
65 g d'édulcorant à base de sucre brun Swerve
3 cs de curry en poudre, réparti
3 cs d'ail, haché
3 cs d'huile d'olive vierge
1½ cs de cumin moulu, fractionnée
Sel
Poivre noir (selon les besoins)
1 tête de chou-fleur, cuit
Jus de la moitié d'un citron

Valeurs nutritives (par portion)

Calories : 512
33 g de graisse
45 g de protéines
11 g de glucides
3 g de fibres alimentaires
8 g de glucides nets

1 Préchauffer le four à 150 degrés. Tapisser une plaque de cuisson de papier d'aluminium.

2 Séparez la membrane de l'arrière de la côte. Dans un petit bol, mélangez le Swerve, 2 cuillères à soupe de poudre de curry, 2 cuillères à soupe d'ail, 2 cuillères à soupe d'huile d'olive, 1 cuillère à soupe de cumin, du sel et du poivre. Frottez généreusement les côtes avec le mélange.

3 Déposer les côtes sur la plaque de cuisson apprêtée. Couvrir d'une autre feuille d'aluminium propre et faire cuire pendant 2 à 2½ heures ou jusqu'à ce que la viande se détache de l'os.

4 Faites chauffer une cuillère à soupe d'huile d'olive à feu moyen. Ajoutez 1 cuillère à soupe d'ail et faites cuire pendant 30 secondes.

5 Ajouter le riz de chou-fleur, 1 cuillère à soupe de curry en poudre et une ½ cuillère à soupe de cumin et faire cuire pendant 5 minutes.

6 Versez-y le jus de citron, remuez et faites cuire le tout pendant encore 3 minutes.

7 Servir les côtes de porc avec le riz de chou-fleur.

BATEAUX D'AGNEAU ET DE SALADE GYRO

4 port.   15 minutes   facile

Ingrédients

450 g de viande d'agneau hachée

1 cs d'ail, haché

½ cs d'origan haché

Jus d'un citron, fractionné

3 cc d'huile d'olive, fractionnées

1 cc de sel, 1 cc de poivre noir

125 g de yaourt grec nature

8 feuilles de laitue romaine

90 g de romaine émiettée

55 g de feta émiettée

Valeurs nutritives (par portion)

Calories : 463

35 g de graisse

31 g de protéines

6 g de glucides

1 g de fibres alimentaires

5 g de glucides nets

1 Dans un bol mélangeur propre, assembler la viande hachée, ½ cuillère à soupe d'ail, l'origan, la moitié du jus de citron, 2 cuillères à café d'huile d'olive, du sel et du poivre.

2 Chauffez une poêle à feu moyen et faites chauffer le reste de l'huile d'olive. Ajoutez le mélange de viande hachée et faites-le cuire jusqu'à ce qu'il soit doré et bien cuit. Retirez du feu.

3 Dans un bol, mélangez le yaourt grec et le reste du jus d'ail et de citron, puis assaisonnez le mélange avec du sel et du poivre.

4 Disposez 2 feuilles de salade sur chacune des 4 assiettes. Composez les barquettes de salade dans cet ordre : Viande hachée, salade émiettée, fromage feta, sauce grecque au yaourt.

BROCHETTES DE BŒUF AU VINAIGRE BALSAMIQUE ET AU SOJA

4 port.   15 minutes   facile

Ingrédients

56 ml d'huile d'olive
1 cs de sauce soja
1 cs de vinaigre balsamique
1 cs d'édulcorant à base de sucre brun Swerve
2 cs de gousses d'ail hachées
Sel (si nécessaire), poivre noir (si nécessaire)
1 steak de flanchet, coupé en morceaux de 1 cm
360 g de chou haché

Valeurs nutritives (par portion)

Calories : 632
50 g de graisse
39 g de protéines
7 g de glucides
2 g de fibres alimentaires
5 g de glucides nets

1 Dans un grand sac refermable, ajoutez de l'huile d'olive, de la sauce soja, du vinaigre balsamique, 1 cuillère à soupe d'ail haché, du sel et du poivre. Placez-y le steak, fermez le sac et placez-le au réfrigérateur pendant au moins 2 heures.

2 Dans un bol, mélangez 1 cuillère à soupe restantes de sauce soja, 1 cuillère à soupe de vinaigre balsamique, 1 cuillère à soupe d'ail haché et 65 g d'huile d'olive, puis salez et poivrez.

3 Ajouter le chou haché et bien mélanger. Couvrir d'un film alimentaire et mettre au frais jusqu'au moment de servir.

4 Les brochettes doivent être trempées dans l'eau pendant 30 minutes. Allumer un barbecue au gaz ou au charbon de bois.

5 Enfilez chaque tranche de steak de flanc sur une brochette individuelle. Faites-les griller 2 à 3 minutes de chaque côté.

6 Servir avec le chou de soja au vinaigre balsamique.

STEAK DE ROCHE & ROSETTES DE BROCOLI

4 port. 15 mi- moyen
nutes

Ingrédients

2 cc de sauce soja
½ cc de vinaigre balsa-
mique
3 cs + 1 cc d'ail râpé
1 cs d'édulcorant à base de
sucre brun Swerve
Sel (selon les besoins)
Poivre noir (selon les besoins)
1 steak de roche
2 cs d'huile d'olive, fractionnées
546 g de bouquets de bro-
coli

Valeurs nutritives (par portion)

Calories : 425
23 g de graisse
42 g de protéines
13 g de glucides
4 g de fibres alimentaires
9 g de glucides nets

1 Mélangez la sauce soja, le vinaigre balsamique, 3 cuillères à soupe d'ail et le Swerve dans un grand sachet refermable. Assaisonnez avec du sel et du poivre. Ajoutez le rocksteak, fermez le sachet et laissez-le refroidir pendant au moins 4 heures.

2 Retirez le steak de la marinade et laissez-le reposer à température ambiante pendant environ 20 minutes.

3 Chauffer 1 cuillère à soupe d'huile d'olive dans une grande poêle à feu moyen. Déposez le rosbif et faites-le cuire 3 à 5 minutes de chaque côté, jusqu'à ce que la température souhaitée soit atteinte. Posez le steak sur une assiette et laissez-le reposer au moins 5 minutes.

4 Dans la même poêle, verser une cuillère à soupe d'huile d'olive et les brocolis et les faire revenir pendant 3 minutes.

5 Ajouter 1 cuillère à café d'ail, 2 cuillères à café de sauce soja et ½ cuillère à café de vinaigre balsamique et faire cuire le tout pendant environ 3 minutes jusqu'à ce que le brocoli soit tendre. Assaisonner avec du sel et du poivre.

6 Couper le rocksteak transversalement en fines tranches et le servir avec le brocoli.

POITRINE DE BŒUF ÉPICÉE

6 port.   7 heu-   moyen
          res

Ingrédients

1 1/2 cc de fumée liquide
1 cs de poudre de chili
1 cs de sauce Worcester
1 cc de cumin
1/2 oignon, haché
1/2 cc de poivre noir
240 ml de bouillon de bœuf
3 gousses d'ail, hachées
140 g de poitrine de bœuf
3 cs de sauce chili

Valeurs nutritives (par portion)

Calories : 439
14,5 g de graisse
3,1 g de glucides
69,5 g de protéines

1 Mélangez le poivre, le cumin, la sauce Worcester, la poudre de chili et l'ail dans un petit bol.

2 Appliquez le mélange sur le morceau de poitrine et laissez agir quelques minutes. Mettez la poitrine de bœuf dans la cocotte.

3 Mélanger le bouillon, la sauce chili, l'oignon et la fumée liquide et verser sur le morceau de poitrine. Couvrir et faire cuire le mélange à feu doux pendant 7 heures.

4 Retirer la poitrine de la cocotte et la couper en tranches.

5 Servir et savourer.

CARNITAS DE BŒUF TENDRE

4 port.   8 heu-res   facile

Ingrédients

900 g de steak de flanc
1 poivron vert, haché
1 oignon, haché
1 piment jalapeño, haché
1 poivron rouge, haché
Pour le rub :
1/4 de cc de poivre de Cayenne
1 cc de cumin
2 cc de poudre de chili
1/4 de cc d'ail en poudre
1/4 de cc d'oignon en poudre
1/2 cc de poivre noir
1 cc de sel

Valeurs nutritives (par portion)

Calories : 467
19,4 g de graisse
7,8 g de glucides
64,4 g de protéines

1 Mélangez tous les ingrédients d'assaisonnement dans un bol et frottez-les sur le steak de flanc.

2 Placez le steak de flanc dans un crock pot.

3 Ajoutez le piment jalapeño, le paprika et l'oignon sur le steak. Couvrez la casserole et faites cuire le mélange à feu doux pendant 8 heures.

4 Retirer la viande de la cocotte et la hacher avec des fourchettes. Remettre la viande hachée dans la cocotte.

5 Bien mélanger et servir.

BOULETTES D'AGNEAU

4 port.   30 mi-   facile
          nutes

Ingrédients

450 g de viande d'agneau
hachée
1 gros œuf, battu
13 g d'oignon rouge
1 cc d'ail haché
½ cc de romarin séché
⅓ cc d'origan moulu
Sel marin (selon les besoins)
Poivre noir (selon les besoins)

Valeurs nutritives (par portion)

Calories : 341
28 g de graisse
1 g de glucides
20 g de protéines
1 g de glucides nets

1 Préchauffer le four à 200 degrés. Couvrir une grande plaque de cuisson avec du papier sulfu-risé.

2 Dans un grand saladier, mélangez l'agneau, l'œuf, l'oignon, l'ail, le romarin et l'origan. Assaisonner de sel et de poivre.

3 Formez des boulettes de viande de 2 cm avec le mélange de viande à l'aide d'une pelle à biscuits.

4 Disposez les boulettes de viande en une seule couche sur la plaque de cuisson apprêtée.

5 Placez la plaque au four et faites cuire pendant 20 à 25 minutes ou jusqu'à ce que les boulettes de viande soient dorées et bien cuites. Retirez du four.

CÔTELETTES BRAISÉES

4 port.

4 heu-
res

moyen

Ingrédients

900 g de côtes courtes avec
os
Sel marin (selon les besoins)
Poivre noir
2 cs d'huile d'avocat
1 oignon, coupé en dés
2 branches de céleri, coupées en dés
1 cc d'ail haché
200 ml de bouillon de bœuf
120 ml de vin rouge
3 brins de romarin frais

Valeurs nutritives (par portion)

Calories : 599
47 g de graisse
4 g de glucides
40 g de protéines
1 g de fibres alimentaires
3 g de glucides nets

1 Séchez d'abord les côtes avec du papier absorbant. Assaisonnez-les de sel et de poivre. Laissez
les côtes reposer pendant une heure à température ambiante ou toute une nuit au réfrigérateur.

2 Préchauffer le four à 175 degrés. Chauffer
l'huile d'avocat dans un dutch oven à feu moyen.

3 Ajouter les côtes courtes et les faire cuire pendant 6 à 8 minutes ou jusqu'à ce qu'elles soient
dorées de tous les côtés. Transférer ensuite sur
une assiette.

4 Ajouter le céleri, l'ail et l'oignon dans la cocotte. Faire cuire pendant 4 minutes. Ajouter le
bouillon et le vin. Porter à ébullition. Faire cuire
pendant 4 minutes. Remettez les côtes dans le
dutch oven. Ajoutez le romarin.

5 Ajouter du bouillon ou de l'eau supplémentaire
jusqu'à ce que les côtes soient recouvertes. Couvrir avec le couvercle et mettre au four. Faire
cuire pendant 3 heures. Retirer du four.

6 Retirer le romarin et servir les côtes avec le liquide de cuisson.

BŒUF À LA MARJOLAINE

4 port. 30 mi- facile
nutes

Ingrédients

1 demi-kilo de goulasch de
bœuf, coupé en dés
2 cs de ghee fondu
1 oignon rouge, haché
2 gousses d'ail, hachées
0,2 l de bouillon de bœuf
2 cc de paprika doux
1 cs de marjolaine, hachée
0,4 g de sel
Poivre noir (selon les besoins)

Valeurs nutritives (par portion)

Calories : 320
13 g de graisse
4 g de fibres alimentaires
12 g de glucides
40 g de protéines

1 À feu moyen, chauffer une poêle propre avec
l'ingrédient ghee, ajouter l'oignon et l'ail et faire
revenir pendant 5 minutes.

2 Ajoutez la viande dans la poêle et faites-la revenir encore 5 minutes.

3 Ajoutez le reste des ingrédients, portez à ébullition et faites cuire à feu moyen pendant 20 minutes supplémentaires.

4 Répartir le tout dans des coupelles et servir.

Poissons et fruits de mer

MAQUEREAU CRÉMEUX

4 port.

30 minutes

facile

Ingrédients

2 échalotes, hachées

2 oignons de printemps, hachés

2 cs d'huile d'olive

4 filets de maquereau, sans peau et coupés en cubes de taille moyenne

240 g de crème fouettée

1 cc de cumin moulu

½ cc d'origan séché

0,4 g de sel

Pincée de poivre noir

2 cs de ciboulette, hachée

Valeurs nutritives (par portion)

Calories : 403

33,9 g de graisse

0,4 g de fibres alimentaires

2,7 g de glucides

22 g de protéines

1 Chauffer une poêle avec l'huile à feu moyen, ajouter les oignons de printemps et les échalotes, remuer et faire revenir pendant 5 minutes.

2 Ajoutez le poisson et faites-le cuire pendant 4 minutes.

3 Ajouter le reste des ingrédients, porter à ébullition, faire cuire le tout pendant 10 minutes supplémentaires.

4 Répartir sur des assiettes et servir.

SAUMON POCHÉ AU GINGEMBRE ET À LA NOIX DE COCO

4 port.　15 minutes　facile

Ingrédients

1 cs d'huile de coco
1 échalote, hachée
1 cs de gingembre frais, haché
1 cc d'ail haché
1 cc de sambal oelek
1 boîte de lait de coco
450 g de filets de saumon
Jus d'un citron vert
2 gouttes de stévia liquide
1 oignon de printemps
15 g de coriandre, hachée

Valeurs nutritives (par portion)

Calories : 486
39 g de graisse
8 g de glucides
3 g de fibres alimentaires
25 g de protéines
5 g de glucides nets

1 Appliquez un feu moyen sur une grande poêle jusqu'à ce qu'elle soit chaude, puis versez-y l'huile et inclinez-la pour couvrir le fond.

2 Mélangez le gingembre et l'échalote et faites-les cuire pendant environ 2 minutes ou jusqu'à ce qu'ils soient parfumés.

3 Ajoutez l'ail et faites-le cuire pendant 30 secondes ou juste jusqu'à ce qu'il soit parfumé. Incorporez le sambal oelek et le lait de coco et portez à ébullition.

4 Ajoutez le saumon et arrosez continuellement avec le lait de coco à l'aide d'une cuillère à soupe. Cuire jusqu'à ce que le saumon puisse être émietté avec une fourchette ou pendant environ 5 minutes.

5 Incorporer le jus de citron vert et la stévia liquide. Garnir d'oignons de printemps et de coriandre.

GRUAU DE CREVETTES ET DE CHOU-FLEUR

4 port.

20 minutes

facile

Ingrédients

450 g de grosses crevettes
2 cc d'ail, haché
Sel
Poivre noir
270 g de chou-fleur en riz
80 g de cheddar râpé
4 tranches de lard
Oignon de printemps,
coupé en rondelles
Poivron (facultatif)
Poivre de Cayenne (facultatif)

Valeurs nutritives (par portion)

Calories : 469
29 g de graisse
42 g de protéines
10 g de glucides
3 g de fibres alimentaires
7 g de glucides nets

1 Assaisonner les crevettes avec de l'ail, du sel et du poivre et les mettre de côté.

2 Dans une casserole, faire mijoter le chou-fleur à feu moyen. Cuire jusqu'à ce que le chou-fleur soit tendre ou pendant environ 10 minutes.

3 Ajoutez le cheddar, salez et poivrez et faites cuire pendant 5 minutes en remuant souvent.

4 Recouvrez une assiette de papier absorbant. Chauffez une grande poêle et faites cuire le bacon jusqu'à ce qu'il soit croustillant.

5 Préparez un plat avec des serviettes en papier et placez-y le lard. Conservez 1 cuillère à soupe de graisse de bacon dans la poêle pour une utilisation ultérieure.

6 Faites cuire les crevettes pendant 2 minutes de chaque côté, en les retournant régulièrement, à feu moyen dans une poêle préchauffée.

7 Répartir le gruau de chou-fleur dans des bols et garnir avec les crevettes. Parsemer de lardons. Garnir à volonté avec des oignons de printemps, du paprika ou du poivre de Cayenne.

CURCUMA TILAPIA

4 port.   15 mi-   facile
           nutes

Ingrédients

4 filets de tilapia, désossés
2 cs d'huile d'olive
1 cc de poudre de curcuma
0,4 g de sel
Poivre noir (selon les besoins)
2 oignons de printemps, hachés
¼ de cc de basilic séché
¼ de cc d'ail en poudre
1 cs de persil haché

Valeurs nutritives (par portion)

Calories : 205
8,6 g de graisse
0,4 g de fibres alimentaires
1,1 g de glucides
31,8 g de protéines

1 À feu moyen, chauffer une poêle avec l'huile, y ajouter les oignons de printemps et les faire revenir pendant 2 minutes.

2 Ajouter le poisson, le curcuma et les autres ingrédients, faire revenir 5 minutes de chaque côté, répartir dans des assiettes et servir.

MÉLANGE DE POIVRONS ET DE CREVETTES

4 port. 10 minutes facile

Ingrédients

450 g de crevettes, décortiquées et sans boyaux
3 gousses d'ail, hachées
2 échalotes, hachées
2 cs d'huile d'olive
Jus d'un citron vert
2 cc de paprika doux
2 cs de persil haché

Valeurs nutritives (par portion)

Calories : 205
9,1 g de graisse
0,6 g de fibres alimentaires
4,1 g de glucides
26,2 Protéines

1 Dans une poêle, faire chauffer l'huile à feu moyen, ajouter l'ail et les échalotes, remuer et laisser cuire pendant 2 minutes.

2 Ajoutez les crevettes et les autres ingrédients au mélange, faites cuire à feu moyen pendant 8 minutes supplémentaires.

3 Répartir sur des assiettes et servir.

BOLS DE PERSIL ET DE THON

4 port. 20 minutes facile

Ingrédients

450 g de filets de thon, coupés en dés
1 cs d'huile d'olive
1 cs de persil haché
2 oignons de printemps, hachés
1 cs de jus de citron vert
1 cc d'ail en poudre
Sel (selon les besoins)
Poivre noir (selon les besoins)

Valeurs nutritives (par portion)

Calories : 447
38,7 g de graisse
10,3 g de fibres alimentaires
1,1 g de glucides
24,1 g de protéines

1 Faites chauffer l'huile dans une poêle à feu moyen, ajoutez les oignons de printemps et faites-les revenir pendant 2 minutes.

2 Ajoutez le poisson et les autres ingrédients, tournez délicatement et faites cuire encore 12 minutes.

3 Répartir dans des coupelles et servir.

THON AU SÉSAME ET A L'AIL BOK CHOY

2 port.

30 mi-
nutes

moyen

Ingrédients

½ cs de sésame noir
½ cs de sésame blanc
Zeste et jus d'un citron vert
2 steaks de thon
2 cs d'huile d'avocat, parta-
gée
1 tête de pak choi
6 gousses d'ail, coupées en
fines tranches
2 cs de sauce soja
1 échalote, hachée

Valeurs nutritives (par portion)

Calories : 384
17 g de graisse
11 g de glucides
3 g de fibres alimentaires
45 g de protéines
8 g de glucides nets

1 Dans un petit bol, mélangez les deux types de sésame et le zeste de citron vert jusqu'à ce que tout soit bien mélangé.

2 Frottez uniformément le dessus et le dessous de chaque steak de thon avec environ une demi-cuil-lère à soupe d'huile. Saupoudrez le mélange de sé-same sur le dessus et le dessous de chaque steak et réservez.

3 Dans une grande poêle, faire chauffer une cuil-lère à soupe d'huile à feu moyen. Y déposer le thon et le faire cuire 2 à 5 minutes de chaque côté, selon le degré de cuisson souhaité. Retirez-le et mettez-le de côté pour le laisser reposer.

4 Faites revenir le bok choy dans la poêle, côté coupé vers le bas, pendant 1 minute. Retournez-le, ajoutez l'ail et faites-le cuire pendant une mi-nute supplémentaire.

5 Ajoutez la sauce soja et faites-la tourner pour recouvrir légèrement le pak choi. Couvrez la poêle et faites cuire le pak choi pendant environ cinq minutes ou jusqu'à ce que le centre du pak choi soit tendre.

6 Disposer 2 quartiers de pak-choï sur deux as-siettes. Recouvrir chacun d'un steak de thon. Ar-roser avec le liquide de cuisson et le jus de citron vert et garnir avec l'oignon de printemps.

SALSA D'ESPADON ET DE MANGUE

2 port.   10 mi-   facile
nutes

Ingrédients

2 steaks d'espadon de taille
moyenne
Sel (selon les besoins)
Poivre noir (selon les besoins)
2 cc d'huile d'avocat
1 cs de coriandre, hachée
1 mangue, hachée
1 avocat, dénoyauté et haché
Cumin (selon les besoins)
Poudre d'oignon
Ail en poudre (selon les besoins)
1 orange, pelée et coupée
en tranches
½ vinaigre balsamique

Valeurs nutritives (par portion)

Calories : 160
3 g de graisse
2 g de fibres alimentaires
4 g de glucides
8 g de protéines

1 Assaisonner les steaks de poisson avec du sel, du poivre, de l'ail en poudre, de l'oignon en poudre et du cumin.

2 À feu moyen, chauffer une poêle avec la moitié de l'huile, y déposer les steaks de poisson et les faire cuire 3 minutes de chaque côté.

3 Pendant ce temps, dans un bol, mélanger l'avocat avec la mangue, la coriandre, le vinaigre balsamique, le sel, le poivre et le reste de l'huile, puis bien mélanger le tout.

4 Répartir le poisson sur des assiettes, garnir de salsa à la mangue et servir avec des tranches d'orange sur le côté. Savourez !

CABILLAUD ET COURGETTES

4 port. 20 minutes facile

Ingrédients

4 filets de cabillaud, désossés

2 cs d'huile d'olive

2 courgettes, coupées en dés

2 échalotes, hachées

1 tomate, coupée en dés

65 g de bouillon de poule

½ cc de paprika doux

Sel (selon les besoins)

Poivre noir (selon les besoins)

1 cs de coriandre, hachée

Valeurs nutritives (par portion)

Calories : 200

6 g de graisse

1 g de fibres alimentaires

4 g de glucides

20 g de protéines

1 Chauffer l'huile dans une poêle à feu moyen, ajouter les échalotes, remuer et laisser cuire 2 minutes.

2 Ajoutez le poisson et faites-le cuire pendant 4 minutes de chaque côté.

3 Ajouter le reste des ingrédients et faire cuire à feu moyen pendant 10 minutes supplémentaires.

4 Répartir sur des assiettes et servir.

FLÉTAN FRAIS AU CITRON

4 port.   90 mi-   facile
            nutes

Ingrédients

340 g de filet de flétan
1 cs de jus de citron frais
1 cs d'aneth frais
1 cs d'huile d'olive
Poivrer si nécessaire
Saler si nécessaire

Valeurs nutritives (par portion)

Calories : 289
11,2 g de graisse
1,1 g de glucides
47 g de protéines

1 Déposer le filet de poisson au centre d'une grande feuille de papier aluminium. Assaisonner de poivre et de sel.

2 Dans un petit bol, fouetter l'aneth, l'huile et le jus de citron. Verser sur le filet de poisson. Enrouler le film autour du filet de poisson et former un petit paquet.

3 Placez la papillote dans une cocotte. Couvrez et faites cuire à feu vif pendant 1 heure et 30 minutes.

4 Servir et savourer.

SAUMON FUMÉ AU YAOURT ET AU FENOUIL

4 port.   5 minu-   facile
           tes

Ingrédients

1 bulbe de fenouil, fine-
ment émincé

Jus d'un citron vert

0,25 l yaourt nature au lait
entier

1 petite gousse d'ail, réduite
en purée

Pincée de sel marin (selon
les besoins)

450 g de saumon fumé en
tranches

Poivre noir (selon les besoins)

Valeurs nutritives (par portion)

Calories : 194

7 g de graisse

9 g de glucides

3 g de fibres alimentaires

24 g de protéines

6 g de glucides nets

1 Dans un bol moyen, mélanger le fenouil et le jus de
citron vert.

2 Dans un autre bol, fouetter le yaourt, l'ail et le sel.

3 Pour servir, répartir le yaourt dans 4 assiettes de
service.

4 Garnir de tranches de saumon fumé et de plusieurs
morceaux de fenouil.

5 Assaisonner avec du poivre noir.

POTÉE DE POISSON À LA NOIX DE COCO ET AUX ÉPICES

6 port.   7 heu-
res   facile

Ingrédients

680 g de filets de poisson
blanc
0,4 l de lait de coco
400 g de tomates, concas-
sées
1 poivron vert, haché
1 poivron rouge, haché
2 gousses d'ail, hachées
1 oignon, haché
1 cs de beurre
Poivre (si nécessaire)
Sel (selon les besoins)

Valeurs nutritives (par portion)

Calories : 398
26,3 g de graisse
11,6 g de glucides
6,9 g de sucre
30,5 g de protéines

1 Dans une cocotte, mélangez le beurre, le lait de coco, les tomates, les poivrons, l'ail et l'oignon.

2 Couvrir et faire chauffer à feu doux pendant 6 heures.

3 Une demi-heure avant la fin du temps imparti, ouvrez les filets de poisson et mettez-les dans la cocotte.

4 Assaisonner de poivre et de sel.

5 Couvrir et faire cuire à feu vif pendant 30 minutes.

6 Servir et savourer.

Plats végétariens

AUBERGINE FARCIE À LA GRECQUE

4 port.   40 minutes   moyen

Ingrédients

2 aubergines de taille moyenne, coupées en deux
3 cs d'huile d'olive
Sel (selon les besoins)
Poivre noir (selon les besoins)
160 g de chou-fleur en riz
2 gousses d'ail, hachées
80 g de cœurs d'artichauts hachés
90 g d'olives grecques coupées
Jus de la moitié d'un citron
100 g de parmesan râpé

Valeurs nutritives (par portion)

Calories : 286
18 g de graisse
9 g de protéines
22 g de glucides
12 g de fibres alimentaires
10 g de glucides nets

1 Préchauffer le four à 200 degrés. Tapisser une plaque de cuisson de papier sulfurisé.

2 Faites une incision d'environ 1 cm de profondeur sur le côté coupé de l'aubergine en formant des hachures croisées. Arrosez-la de 2 cuillères à soupe d'huile d'olive et assaisonnez-la de sel et de poivre.

3 Cuire au four pendant 30 minutes.

4 À l'aide d'une cuillère, prélèvez environ ¼ de la chair de chaque moitié d'aubergine, hachez-la grossièrement et mettez-la de côté. Placez les pelures d'aubergine sur la plaque de cuisson apprêtée.

5 À feu moyen, chauffer 1 cuillère à soupe d'huile d'olive dans une poêle.

6 Ajoutez le chou-fleur râpé et l'ail et laissez cuire 5 minutes. Ajoutez les aubergines hachées, les cœurs d'artichauts, les olives et le jus de citron et faites cuire encore pendant 2 minutes. Assaisonnez de sel et de poivre.

7 Réglez le four sur "griller". Répartissez le mélange uniformément sur les pelures d'aubergine. Saupoudrez les pointes de parmesan. Grillez jusqu'à ce que le fromage soit fondu et légèrement doré.

COURGE SPAGHETTI

4 port.   60 mi-   moyen
           nutes

Ingrédients

2 courges spaghetti, cou-
pées en deux
3 cc de sel
1½ cc de poivre noir
4 cs d'huile d'olive
3 gousses d'ail, hachées
450 g de courgettes, ha-
chées
1 cs de cumin moulu
120 g de pico de gallo
2 avocats, coupés en dés

Valeurs nutritives (par portion)

Calories : 410
30 g de graisse
5 g de protéines
30 g de glucides
8 g de fibres alimentaires
22 g de glucides nets

1 Chauffer le four à 200 degrés. Tapisser une plaque de cuisson de papier sulfurisé.

2 Épluchez les graines de la courge spaghetti. As-saisonnez l'intérieur avec 2 cuillères à café de sel et 1 cuillère à café de poivre et frottez-le avec 2 cuillères à soupe d'huile d'olive.

3 Placer la courge spaghetti, face coupée vers le bas, sur la plaque de cuisson préparée et faire cuire 30 à 40 minutes jusqu'à ce que la chair soit tendre. Laisser refroidir.

4 Lorsque les courges ont refroidi, coupez chaque courge en deux dans le sens de la largeur et déta-chez les brins à l'aide d'une fourchette. Arrosez d'une cuillère à soupe d'huile d'olive.

5 Faites chauffer l'huile dans une poêle à feu moyen. Ajoutez l'ail et faites-le revenir jusqu'à ce qu'il soit parfumé.

6 Ajoutez les courgettes et le cumin et faites cuire le tout pendant environ 5 minutes jusqu'à ce que les courgettes commencent à brunir. Assai-sonnez avec les 1 cuillère à café de sel et ½ cuil-lère à café de poivre restants et faites cuire encore pendant 2 minutes.

7 Déposer les courgettes dans les coques de courge et garnir de pico de gallo et d'avocat.

WRAPS À LA SALADE D'ŒUFS VERTS COLLARD

4 port.   20 mi-   facile
              nutes

Ingrédients

8 gros œufs
70 g de mayonnaise
1 cc de curry en poudre
1 cc de jus de citron frais
½ cc de sel
½ cc de poivre noir
4 grandes feuilles de chou vert
30 g de pousses de luzerne

Valeurs nutritives (par portion)

Calories : 309
25 g de graisse
14 g de protéines
7 g de glucides
4 g de fibres alimentaires
3 g de glucides nets

1 Mettre les œufs dans une grande casserole et les recouvrir de 2,5 cm d'eau froide. Porter lentement l'eau à ébullition à feu moyen, couvrir la casserole et éteindre le feu.

2 Laissez les œufs reposer pendant 8 minutes. Videz l'eau et cassez délicatement les œufs en les passant sous l'eau froide. Coupez les œufs en petits morceaux et mettez-les de côté.

3 Mettre les œufs, la mayonnaise, la poudre de curry, le jus de citron, le sel et le poivre dans un bol et bien mélanger.

4 Répartir la salade d'œufs sur les 4 feuilles de chou. Garnir de pousses de luzerne et rouler le wrap comme un burrito.

PIZZAS AU CHOU-FLEUR ET AU STEAK

4 port.

30 minutes

facile

Ingrédients

4 steaks de chou-fleur
2 gousses d'ail, hachées
Sel (selon les besoins)
Poivre noir (selon les besoins)
2 cs d'huile d'olive vierge
55 g de tomates concassées en boîte
30 g de jeunes épinards frais
1 poivron rouge, coupé en fines tranches
55 g de fromage mozzarella

Valeurs nutritives (par portion)

Calories : 157
9 g de graisse
6 g de protéines
13 g de glucides
5 g de fibres alimentaires
8 g de glucides nets

1 Chauffer le four à 200 degrés. Tapisser une plaque de cuisson de papier sulfurisé.

2 Assaisonner les deux côtés des steaks de chou-fleur avec du poivre, de l'ail, du sel et de l'huile d'olive. Cuire pendant 15 minutes, retourner et cuire encore 10 minutes.

3 Réglez le four sur "griller". Ajoutez les tomates aux steaks et assaisonnez-les de sel et de poivre. Couvrez-les de jeunes épinards, de poivrons et de mozzarella.

4 Faites griller les pizzas jusqu'à ce que le fromage soit doré.

ZOODLE PRIMAVERA AUX NOIX GRILLÉES

4 port.   20 mi-
nutes   facile

Ingrédients

2 cs d'huile d'olive
175 g de champignons de
Paris coupés en quatre
25 g de demi-noix
2 gousses d'ail, hachées
3 courgettes, coupées en
lamelles
255 g de poivrons rouges
5 g de basilic, coupé en
fines lamelles
Sel (selon les besoins)
Poivre noir (selon les besoins)

Valeurs nutritives (par portion)

Calories : 154
10 g de graisse
4 g de protéines
12 g de glucides
3 g de fibres alimentaires
9 g de glucides nets

1 À feu moyen, chauffer l'huile dans une poêle. Ajouter les champignons et les faire cuire pendant environ 3 minutes jusqu'à ce qu'ils commencent à dorer.

2 Ajoutez les noix et l'ail et faites cuire encore 2 à 3 minutes en remuant souvent.

3 Ajouter les courgettes et les poivrons. Cuire pendant 2 minutes maximum, juste assez pour réchauffer les courgettes sans qu'elles ne deviennent boueuses.

4 Ajouter 1 cuillère à soupe d'huile d'olive et le basilic et bien mélanger. Assaisonner de sel et de poivre.

CHAMPIGNONS FARCIS AUX ARTICHAUTS

4 port. 30 minutes moyen

Ingrédients

4 grands champignons Portobello
2 cc de sel, partagé
1 cc de poivre noir
2 cs d'huile d'olive
3 gousses d'ail, hachées
240 g d'épinards frais
397 g de cœurs d'artichauts, hachés
89,9 g de parmesan râpé
32,5 g d'amandes grillées, hachées

Valeurs nutritives (par portion)

Calories : 292
16 g de graisse
18 g de protéines
19 g de glucides
9 g de fibres alimentaires
10 g de glucides nets

1 Préchauffer le four à 200 degrés. Tapisser une plaque de cuisson de papier sulfurisé.

2 Assaisonner les deux côtés des champignons avec 1 cc de sel et ½ cc de poivre.

3 Dans une poêle à feu moyen, faites chauffer 1 cuillère à soupe d'huile d'olive pendant 30 secondes. Ajoutez les têtes de champignons et faites-les cuire 1 à 2 minutes de chaque côté jusqu'à ce qu'elles soient légèrement dorées.

4 Mettre sur une assiette et couvrir avec un bol retourné pour que le liquide puisse s'écouler.

5 Dans la même poêle, faire chauffer une cuillère à soupe d'huile d'olive. Ajouter l'ail et le faire revenir jusqu'à ce qu'il dégage un parfum.

6 Ajouter les épinards, les cœurs d'artichauts et les pieds de champignons hachés et faire cuire pendant environ 5 minutes jusqu'à ce que les épinards commencent à s'affaisser. Retirer du feu.

7 Ajouter le parmesan et bien mélanger. Assaisonner avec le reste de sel et de poivre.

8 Couvrez la plaque de cuisson préparée avec des chapeaux de champignons. Versez le mélange de légumes à parts égales dans les têtes de champignons et parsemez chacune d'amandes moulues. Faites cuire jusqu'à ce qu'ils soient légèrement dorés ou pendant 10 à 15 minutes.

POIVRONS FARCIS AU CAJUN

4 port.　40 minutes　facile

Ingrédients

4 poivrons verts
1 cs d'huile d'olive
4 gousses d'ail, hachées
400 g de champignons de Paris hachés
200 g de chou-fleur en riz
2 cs d'épices cajuns
1 cc de sel
1 cc de poivre noir
112 g de fromage Pfeffer-Jack poivré et râpé

Valeurs nutritives (par portion)

Calories : 213
13 g de graisse
12 g de protéines
12 g de glucides
4 g de fibres alimentaires
8 g de glucides nets

1 Préchauffez le four à 200 degrés. Préparez un plat à four.

2 Placez les barquettes de poivrons dans le plat de cuisson.

3 Faites chauffer l'huile dans une poêle à feu moyen. Ajoutez l'ail et faites-le revenir jusqu'à ce qu'il soit parfumé.

4 Ajoutez les champignons, le chou-fleur, les pointes de poivron hachées et l'épice cajun et faites cuire pendant 8 à 10 minutes.

5 Assaisonner de sel et de poivre. Retirer le bol du feu et laisser refroidir pendant 10 minutes.

6 Ajoutez le fromage Pfeffer-Jack au mélange et malaxez bien le tout.

7 Remplir chaque poivron avec le mélange de légumes et de fromage et faire cuire pendant 15 à 20 minutes jusqu'à ce que les poivrons soient dorés et que le fromage soit fondu.

CHOUX DE BRUXELLES CUITS AU FOUR

4 port.   25 mi-   facile
            nutes

Ingrédients

450 g de choux de Bruxelles
1 cs d'huile d'avocat
2 gousses d'ail, hachées
Sel (selon les besoins)
Poivre noir (selon les besoins)
4 g de coriandre, hachée

Valeurs nutritives (par portion)

Calories : 100
3 g de graisse
1 g de fibres alimentaires
2 g de glucides
6 g de protéines

1 Dans une poêle, mélangez les pousses avec l'huile et les autres ingrédients, faites tourner et faites griller le mélange pendant 20 minutes à 400 degrés.

2 Répartir le tout sur des assiettes et servir.

GRATIN DE COURGETTES, DE COURGES ET DE TOMATES

4 port.   40 minutes   moyen

Ingrédients

1 cs d'huile d'olive vierge
2 gousses d'ail, hachées
2 courgettes, coupées en dés
2 courges jaunes, coupées en dés
1 gros œuf
1 cc de sel
½ cc de poivre noir
2 tomates Roma, coupées en fines tranches
20 g de fromage râpé

Valeurs nutritives (par portion)

Calories : 135
9 g de graisse
8 g de protéines
10 g de glucides
3 g de fibres alimentaires
7 g de glucides nets

1 Préchauffer le four à 175 degrés. Graisser un plat à four de 20 x 20 cm.

2 Faites chauffer l'huile dans une poêle à feu moyen. Ajoutez l'ail et faites-le revenir jusqu'à ce qu'il soit parfumé.

3 Ajoutez la courge jaune et la courgette et faites cuire les légumes pendant environ 6 minutes.

4 Écrasez les légumes à l'aide d'une fourchette. Mettez les légumes dans une passoire afin d'égoutter l'excédent de liquide.

5 Dans un bol, assemblez le mélange courgettes-courges, l'œuf, le sel et le poivre.

6 Placez une couche de tomates coupées sur le fond du plat à four. Répartissez le mélange de courge sur la couche inférieure de tomates, puis recouvrez avec les tranches de tomates restantes.

7 Enfourner pendant 10 minutes. Saupoudrer le fromage et faire cuire encore 20 minutes jusqu'à ce que le fromage soit fondu et commence à dorer.

PIZZA AUX LÉGUMES ET AU PESTO

2 port. 20 mi-
nutes moyen

Ingrédients

1 cs + 2 cc d'huile d'olive
44 g de champignons
émincés
¼ d'oignon blanc, coupé en
fines tranches
2 gousses d'ail, hachées
4 cc de pesto
280 g d'épinards congelés
75 g de tomates cerises,
coupées en quatre
80 g de fromage ricotta
40 g de bébé roquette

Valeurs nutritives (par portion)

Calories : 968
77 g de graisse
24 g de glucides
10 g de fibres alimentaires
45 g de protéines
14 g de glucides nets

1 Préchauffer le four à 200 degrés. Tapisser une plaque de cuisson de papier sulfurisé.

2 Assemblez le fond de pizza selon les instructions et faites-le cuire. Laissez le four allumé.

3 Entre-temps, dans une poêle de taille moyenne, faites chauffer 1 cuillère à soupe d'huile à feu moyen. Ajoutez le mélange de champignons, d'oignons et d'ail et faites cuire pendant 5 à 7 minutes, jusqu'à ce que l'oignon devienne tendre.

4 Répartir uniformément le pesto sur le fond de pizza cuit. Recouvrir avec le mélange d'oignons et de champignons, les épinards hachés et les tomates cerises. Répartir la ricotta par-dessus.

5 Cuire au four pendant 8 à 10 minutes, jusqu'à ce que les tomates et le fromage commencent à brunir.

6 Parsemer la roquette sur la pizza et l'arroser des 2 cc d'huile d'olive restants. Couper en quartiers et servir chaud.

SHAKSHUKA AU FENOUIL ET À LA FETA

2 port. 20 minutes moyen

Ingrédients

1 cs d'huile d'olive
1 petit bulbe de fenouil, coupé en fines tranches
½ oignon blanc, coupé en dés
½ poivron rouge, coupé en dés
½ piment jalapeño, haché
1 boîte de tomates grillées coupées en dés
60 ml de bouillon de légumes
1 cc de cumin moulu
½ cc de paprika fumé en poudre
4 gros œufs
75 g de feta émiettée
Sel marin (selon les besoins)
Poivre noir (selon les besoins)
10 g de persil haché

Valeurs nutritives (par portion)

Calories : 400
25 g de graisse
24 g de glucides
9 g de fibres alimentaires
22 g de protéines
15 g de glucides nets

1 Dans une grande poêle, faire chauffer l'huile à feu moyen. Ajouter l'oignon et le fenouil et faire cuire pendant 3 minutes en remuant souvent, jusqu'à ce qu'ils deviennent tendres.

2 Ajoutez le poivron et le jalapeño et faites cuire encore 5 minutes.

3 Ajoutez les tomates et leur jus, le bouillon de légumes, le cumin et le paprika fumé en poudre et laissez mijoter 5 minutes pour réduire la sauce d'environ un quart.

4 Réduisez le feu à une température douce et cassez délicatement les œufs sur la sauce tomate, répartissez uniformément la feta et couvrez.

5 Laisser cuire 5 min.

6 Assaisonner avec du sel et du poivre noir. Répartir uniformément, verser dans des bols et garnir avec le persil.

CHILI AUX FEUILLES DE CHOU

4 port.   25 mi-   facile
          nutes

Ingrédients

1 cs de poudre de chili
1 bouquet de chou vert, haché
1 cs d'huile d'olive
100 ml de bouillon de poule
2 échalotes, hachées
1 cc de paprika fort en
poudre
½ cc de cumin moulu
Sel (selon les besoins)
Poivre noir (selon les besoins)
1 cs de jus de citron vert

Valeurs nutritives (par portion)

Calories : 245
20 g de graisse
1 g de fibres alimentaires
5 g de glucides
12 g de protéines

1 Faire chauffer l'huile dans une poêle à feu moyen, y ajouter les échalotes et les faire revenir pendant 5 minutes.

2 Ajouter le chou vert et les autres ingrédients, remuer et faire cuire à feu moyen pendant 15 minutes supplémentaires.

3 Répartir le tout sur des assiettes et servir.

Desserts

PALETAS DE NOIX DE COCO ET DE CITRON VERT

6 port. 5 minu-
tes facile

Ingrédients

0,5 l de lait de coco
50 g d'édulcorant Swerve
55 g de jus de citron vert
pressé
1 cc de zeste de citron vert

Valeurs nutritives (par portion)

Calories : 156
16 g de graisse
5 g de glucides
2 g de fibres alimentaires
2 g de protéines
3 g de glucides nets

1 Mettre le lait de coco, le Swerve et le jus et le zeste de citron vert dans un mixeur et réduire en purée jusqu'à ce que tout soit bien mélangé.

2 Verser dans 5 ou 6 moules à glace (le nombre dépend de la taille de chacun).

3 Congeler jusqu'à ce qu'elle soit ferme.

GÂTEAU AU CITRON

9 port.   10 minutes   facile

Ingrédients

Spray de cuisson anti-adhésif ou beurre

180 g de farine d'amande

50 g d'édulcorant pour pâtisserie Swerve

2 cc de levure chimique

1 cc de sel

115 g de jus de citron pressé

55 g d'huile de coco

4 gros œufs

1 cs de zeste de citron

Valeurs nutritives (par portion)

Calories : 340

30 g de graisse

11 g de protéines

8 g de glucides

3 g de fibres alimentaires

5 g de glucides nets

1 Graissez légèrement 4 tasses adaptées au micro-ondes.

2 Mélangez la farine d'amande, le Swerve, la levure chimique et le sel dans un grand bol.

3 Ajoutez le jus de citron, l'huile de coco, les œufs et le zeste de citron et remuez jusqu'à ce que tout soit bien mélangé.

4 Répartir la pâte uniformément dans les 4 tasses.

5 Au four à micro-ondes, cuire à cœur à puissance élevée pendant 1 ½ minute.

BROWNIES À LA FARINE D'AMANDE

9 port.   30 minutes   facile

Ingrédients

110 g de beurre
170 g de chocolat noir
120 g de farine d'amande
200 g d'édulcorant Swerve
30 g de cacao en poudre non sucré
1 cc de sel marin
½ cc de levure chimique
3 gros œufs, battus
1 cs de nectar de vanille pure

Valeurs nutritives (par portion)

Calories : 273
23 g de graisse
11 g de glucides
3 g de fibres alimentaires
6 g de protéines
8 g de glucides nets

1 Préchauffez le four à 170 degrés. Utilisez du papier sulfurisé pour recouvrir un plat à four de 20 x 20 cm.

2 Mettre le beurre et le chocolat noir dans une petite casserole à feu doux et remuer jusqu'à ce qu'ils soient fondus. Retirer du feu et laisser refroidir

3 Dans un saladier, mélangez la farine d'amande, le Swerve, le cacao en poudre, le sel et la levure chimique.

4 Versez le chocolat et le beurre fondus, les œufs et la vanille dans le bol et remuez jusqu'à ce que tout soit complètement mélangé.

5 Faites cuire la pâte pendant environ 18-20 minutes.

SORBET AU CITRON VERT & BAIES MELANGÉES

4 port.

15 mi-
nutes

facile

Ingrédients

450 g de baies congelées
Jus de la moitié d'un citron
vert
1 cc d'édulcorant granulé
Swerve
60 g de crème moitié-moitié
½ cc de sel
1 à 2 cs d'eau chaude

Valeurs nutritives (par portion)

Calories : 82
2 g de graisse
1 g de protéines
15 g de glucides
4 g de fibres alimentaires
11 g de glucides nets

1 Travailler les baies, le jus de citron vert, le Swerve, la crème moitié-moitié et le sel dans un robot ménager en s'arrêtant souvent pour gratter les côtés.

2 Ajoutez l'eau chaude par intervalles pour lisser les baies. Servir immédiatement.

FUDGE AUX NOIX DE PÉCAN

6 port.

60 minutes

facile

Ingrédients

450 g de pépites de chocolat sans sucre

120 g de crème fouettée lourde

50 g d'édulcorant pour pâtisseries de Swerve

75 g de noix de pécan hachées

Valeurs nutritives (par portion)

Calories : 862

70 g de graisse

17 g de protéines

32 g de glucides

20 g de fibres alimentaires

12 g de glucides nets

1 Utilisez du papier sulfurisé pour recouvrir un plat à four de 20 x 20 cm.

2 Dans un bol, mélangez les pépites de chocolat, la crème fouettée et le Swerve. Chauffez fortement votre micro-ondes pendant 1 minute.

3 Pour s'assurer que le chocolat est complètement fondu et que les ingrédients sont bien mélangés, chauffez pendant 20 secondes supplémentaires et remuez toutes les minutes.

4 Laissez refroidir le mélange dans le plat à four avant de servir. Servez en carrés en les coupant en tranches.

BEURRE DE CACAHUÈTES AVEC GOBELETS DE CHOCOLAT

12 port. 5 minu-
tes
facile

Ingrédients

180 g de beurre de caca-
huète naturel salé et crémeux
120 ml d'huile de coco, fon-
due
65 g de cacao en poudre
5 à 7 gouttes de stévia liquide

Valeurs nutritives (par portion)

181 Calories :
18 g de graisse
5 g de glucides
3 g de glucides nets
2 g de fibres alimentaires
5 g de protéines

1 Le beurre de cacahuète, l'huile de coco, la poudre de cacao et la stévia liquide doivent tous être réunis dans un petit bol et fouettés jusqu'à ce que tout soit bien mélangé. C'est beaucoup plus facile si vous avez un mixeur plongeant à portée de main.

2 Ajoutez plus de stévia liquide si nécessaire, jus-qu'à ce qu'elle atteigne la douceur souhaitée.

3 Verser la pâte dans un moule à muffins préparé à l'avance et recouvert de cercles de papier sulfu-risé.

4 Mettre au frais pendant environ 30 minutes jusqu'à ce que le mélange prenne. Servir frais. Conserver au réfrigérateur.

MOUSSE AU CHOCOLAT

8 port.

15 minutes

moyen

Ingrédients

110 g de chocolat noir
2 cs de beurre
3 gros œufs, séparés
1 ou 2 gouttes de jus de citron pressé
120 g de crème
2 cs d'édulcorant Swerve
¼ de cc de sel marin
1 cc de nectar de vanille pure

Valeurs nutritives (par portion)

183 Calories :
15 g de graisse
8 g de glucides
3 g de protéines
2 g de fibres alimentaires
6 g de glucides nets

1 Dans une casserole à fond épais ou un bain-marie, faire chauffer le chocolat noir et le beurre à feu doux pendant environ 3 minutes jusqu'à ce qu'ils soient juste fondus. Réserver pour refroidir.

2 Dans un grand bol, battez les blancs d'œufs et le jus de citron à l'aide d'un fouet ou d'un batteur électrique jusqu'à ce que des pics fermes se forment.

3 Dans un autre grand bol, battez la crème à l'aide d'un fouet propre et faites-la tourner jusqu'à ce que des pics mous se forment.

4 Incorporer les jaunes d'œufs, le sel et la vanille à la masse de chocolat refroidie, puis insérer la moitié de la crème fouettée.

5 Verser la masse de chocolat avec le reste de la crème fouettée dans les blancs d'œufs battus et les incorporer jusqu'à ce que tout soit juste mélangé.

6 Répartissez la mousse dans 8 tasses et mettez-la au réfrigérateur jusqu'à ce qu'elle ait refroidi. Pour accélérer ce processus, placez-la au congélateur et servez-la endéans 10 minutes environ.

TRUFFES KEY LIME PIE

16 port.   30 mi-
nutes   facile

Ingrédients

225 g de fromage frais, ra-
molli

2 cs de jus de citron vert
pressé

1 cc de zeste de citron vert

6 ou 7 gouttes de stévia
liquide

18 g de noix de coco grillée
râpée

31,2 g de noix de macada-
mia

¼ de cc de gros sel marin

Valeurs nutritives (par portion)

Calories : 139
14 g de graisse
2 g de glucides
3 g de protéines
1 g de fibres alimentaires
1 g de glucides nets

1 Dans un bol, mélangez le fromage frais, le jus et le zeste de citron vert ainsi que la stévia liquide. Placez au congélateur pendant 10 minutes pour refroidir.

2 Entre-temps, mettre la noix de coco, les noix de macadamia et le sel marin dans un robot ménager et les moudre finement. Verser dans un bol peu profond.

3 À l'aide d'une cuillère à soupe, retirer le mélange de fromage frais du bol et le rouler dans la noix de coco. Placer dans un récipient de stockage.

4 Répéter pour faire 16 truffes. Mettre au frais pendant 15 minutes avant de servir. Conserver au réfrigérateur.

GÂTEAU AU FROMAGE À LA VANILLE

8 port. 5 minu-tes facile

Ingrédients

240 g de farine d'amandes
55 g de beurre, fondu
2 cs d'édulcorant Swerve
½ cc de sel marin
250 g de fromage frais, ra-molli
120 g de crème
2 cc de jus de citron pressé
1 cc de nectar de vanille pure

Valeurs nutritives (par portion)

344 Calories :
34 g de graisse
5 g de glucides
1 g de fibres alimentaires
7 g de protéines
4 g de glucides nets

1 Préchauffez le four à 170 degrés.

2 Pour préparer la farine d'amande, le beurre, 2 cuillères à soupe de Swerve et le sel, mettez tous les ingrédients dans un robot ménager et mélangez-les plusieurs fois.

3 Avec la paume de la main, pressez le mélange dans un moule à charnière et aplatissez-le sur les côtés.

4 Retirez la casserole du four et laissez-la refroidir pendant 8 minutes avant de la placer sur une étagère réfrigérée.

5 Le reste du Swerve, le fromage frais, la crème fouettée, le jus de citron et la vanille peuvent être combinés dans un grand bol pendant que la croûte cuit et refroidit. Mélangez les ingrédients avec une cuillère en bois ou un mixeur électrique jusqu'à ce qu'ils soient bien lisses.

6 Pendant au moins 15 minutes au congélateur, répartissez la garniture sur la croûte de farine d'amandes refroidie. Réfrigérer pendant une heure avant de servir.

CARRÉS DE CHIA

6 port.   30 mi-
nutes   facile

Ingrédients

240 g de ghee, fondu
½ cc de levure chimique
3 cs de graines de chia
2 cs de panaché
225 g de fromage frais
6 œufs, battus

Valeurs nutritives (par portion)

Calories : 220
2 g de graisse
0,5 g de fibres alimentaires
2 g de glucides
4 g de protéines

1 Mettre le ghee, les graines de chia et le reste des ingrédients dans un bol et mélanger.

2 Bien mélanger, puis verser le tout dans un plat à four rectangulaire.

3 Mettre le mélange au four à 170 degrés et faire cuire pendant 20 minutes.

4 Laisser refroidir, couper en carrés et servir.

BOULETTES DE PÂTE À BISCUIT

10 port. 10 minutes facile

Ingrédients

120 g de beurre d'amande
3 cs de farine de coco
3 cs de lait de coco
1 cc de cannelle en poudre
3 cs de sucre de coco
15 gouttes de stévia à la vanille
 Sel
½ cc de nectar de vanille
Pour le revêtement :
1 et ½ cc de cannelle en poudre
3 cs de Swerve granulée

Valeurs nutritives (par portion)

Calories : 89
1 g de graisse
2 g de fibres alimentaires
4 g de glucides
2 g de protéines

1 Dans un bol, mélangez le beurre d'amande avec 1 cuillère à café de cannelle, la farine de noix de coco, le lait de coco, le sucre de coco, le nectar de vanille, la gomme de vanille et une pincée de sel, puis mélangez bien le tout. Former des boules avec ce mélange.

2 Dans un autre bol, mélangez 1 ½ cuillère à café de cannelle en poudre avec le Swerve et remuez bien.

3 Rouler les boules dans le mélange à la cannelle et les conserver au réfrigérateur jusqu'au moment de servir. Savourez !

CRÈME GLACÉE À LA VANILLE

2 port.　　80 mi-
nutes　　facile

1 Fouettez la crème, le sucre de substitution et la vanille dans un bol de taille moyenne à l'aide d'un batteur électrique à vitesse moyenne.

2 Mettre dans un récipient hermétique avec couvercle et congeler pendant au moins 1 heure.

Ingrédients

120 g de crème
2 cs de sucre cristallisé
1 cc de nectar de vanille

Valeurs nutritives (par portion)

Calories : 211
22 g de graisse
2 g de glucides
1 g de protéines
2 g de glucides nets

PLAN ALIMENTAIRE DE 30 JOURS

Remarques générales sur le plan alimentaire de 30 jours

Les experts en perte de poids recommandent les régimes low carb comme le meilleur moyen de perdre du poids. Un mélange de régime hypocalorique et de régime pauvre en glucides peut être efficace, mais un apport trop faible en glucides peut rendre la perte de poids plus difficile. Les régimes low carb ainsi que les régimes Keto et Whole30 ont suscité de nombreuses discussions sur la quantité de glucides nécessaire pour atteindre une perte de poids, mais la vérité est que vous ne devez pas vous priver d'aussi peu de glucides que ces régimes le recommandent pour perdre du poids. Nous avons élaboré un menu de régime low carb étalé sur 30 jours, et comprenant le petit déjeuner, le déjeuner et le dîner, pour vous montrer exactement ce que comprend un régime low carb sain pour perdre du poids.

Le régime low carb de 30 jours est un régime très pratique, car il s'agit d'une alimentation équilibrée avec la bonne quantité de protéines, de fibres et de glucides. Ce régime aura de bons effets sur votre vie. Il vous aidera à perdre du poids et à prévenir les maladies causées par une mauvaise alimentation.

Ce plan alimentaire a été soigneusement conçu pour les personnes qui souhaitent perdre du poids correctement et améliorer leur santé générale. C'est la meilleure option pour ceux qui souhaitent perdre de la graisse et prendre du muscle. Ce plan de régime peut être suivi par les personnes qui sont malades ou qui souhaitent perdre quelques kilos. Les aliments contenus dans ce plan alimentaire sont pauvres en calories. Vous pouvez le préparer avec vos ingrédients préférés et le mélanger avec d'autres aliments que vous aimez. Le plan alimentaire contient différents aliments connus pour leurs effets bénéfiques sur votre corps. Tout ce que vous avez à faire, c'est de faire vos courses et de suivre le plan de régime.

Suggestions pour 1 mois

Si vous adoptez ce plan alimentaire comme point de départ d'un régime sain à faible teneur en glucides, nous sommes convaincus que vous en apprécierez les avantages. Si vous suivez ce régime et faites régulièrement de l'exercice, vous devriez être en mesure de perdre 1 à 2 kilos chaque semaine.

1re Semaine

1e jour

Petit déjeuner :

Smoothie au beurre de cacahuètes

Déjeuner :

Pizzas au chou-fleur et au steak

Dîner :

Gruau de crevettes et de chou-fleur

2e jour

Petit déjeuner :

Pâte à gaufres

Déjeuner :

Aubergine grecque farcie

Dîner :

Côtes de porc et riz au chou-fleur

3e jour

Petit déjeuner :

Un burrito étonnant

Déjeuner :

Courge spaghetti

Dîner :

Romarin & orange avec poulet rôti

4e jour

Petit déjeuner :

Smoothie vert crémeux

Déjeuner :

Champignons farcis aux artichauts

Dîner :

Salade à l'avocat, à la fraise et à la menthe

5e jour

Petit déjeuner :

Saucisse et légumes

Déjeuner :

Shakshuka au fenouil et à la feta

Dîner :

Rôti d'aubergine à la viande hachée

6e jour

Petit déjeuner :

Smoothie à la citrouille et au cajou

Déjeuner :

Poivrons farcis cajuns

Dîner :

Romarin & orange avec poulet rôti

7e jour

Petit déjeuner :

Gratin de tomates, d'épinards et d'œufs

Déjeuner :

Rôti de courge de gland au vinaigre balsamique

Dîner :

Saumon poché au gingembre et à la noix de coco

2e Semaine

8e jour

Petit déjeuner :

Poêlée de crevettes et d'olives

Déjeuner :

Salade de pastèque et d'avocat

Dîner :

Pizza aux légumes et au pesto

9e jour

Petit déjeuner :

Saucisse en fer blanc et légumes

Déjeuner :

Dinde au citron et au dijon

Dîner :

Saumon fumé au yaourt et au fenouil

10e jour

Petit déjeuner :

Oeuf Brouillé

Déjeuner :

Chili aux feuilles de chou

Dîner :

Melts au poulet et aux champignons

11e jour

Petit déjeuner :

Bouillie d'œufs simple

Déjeuner :

Dinde au style shawarma

Dîner :

Saumon poché au gingembre et à la noix de coco

12e jour

Petit déjeuner :

Smoothie à la citrouille et au cajou

Déjeuner :

Salade d'épinards et de lard

Dîner :

Soupe de légumes et de haricots Chipotle

13ᵉ jour

Petit déjeuner :

Rôti de bœuf haché

Déjeuner :

Poivrons farcis cajuns

Dîner :

Poulet rôti aux courgettes

14ᵉ jour

Déjeuner :

Petit déjeuner : smoothie à la citrouille et au cajou

Déjeuner :

Champignons farcis aux artichauts

Dîner :

Soupe de légumes sautés

3ᵉ semaine

15ᵉ jour

Petit déjeuner :

Smoothie vert crémeux

Déjeuner :

Shakshuka au fenouil et à la feta

Dîner :

Flétan frais au citron

16e jour

<u>Petit déjeuner :</u>

Saucisse en fer blanc et légumes

<u>Déjeuner :</u>

Courge spaghetti

<u>Dîner :</u>

Salade à l'avocat, à la fraise et à la menthe

17e jour

<u>Petit déjeuner :</u>

Gratin de tomates, d'épinards et d'œufs

<u>Déjeuner :</u>

Zoodle Primavera aux noix grillées

<u>Dîner :</u>

Curcuma Tilapia

18e jour

<u>Petit déjeuner :</u>

Smoothie vert crémeux

<u>Déjeuner :</u>

Wraps à la salade d'œufs verts Collard

<u>Dîner :</u>

Steak de roche & rosettes de brocoli

19ᵉ jour

<u>Petit déjeuner :</u>

Œufs crémeux

<u>Déjeuner :</u>

Salade à l'avocat, à la fraise et à la menthe

<u>Dîner :</u>

Canard et courgettes

20ᵉ jour

<u>Petit déjeuner :</u>

Smoothie à la citrouille et au cajou

<u>Déjeuner :</u>

Pizzas au chou-fleur et au steak

<u>Dîner :</u>

Rôti d'aubergine à la viande hachée

21ᵉ jour

<u>Petit déjeuner :</u>

Gratin de tomates, d'épinards et d'œufs

<u>Déjeuner :</u>

Chili aux feuilles de chou

<u>Dîner :</u>

Saumon fumé au yaourt et au fenouil

4e semaine

22e jour

Petit déjeuner :

Bouillie d'œufs simple

Déjeuner :

Choux de Bruxelles cuits au four

Dîner :

Espadon et salsa à la mangue

23e jour

Petit déjeuner :

Smoothie vert crémeux

Déjeuner :

Soupe de légumes et de haricots Chipotle

Dîner :

Champignons de poulet avec & crème

24e jour

Petit déjeuner :

Smoothie à la citrouille et au cajou

Déjeuner :

Salade d'épinards et de lard

Dîner :

Soupe crémeuse au poulet et aux épinards

25ᵉ jour

Petit déjeuner :

Rôti de bœuf haché

Déjeuner :

Maquereau crémeux

Dîner :

Courge spaghetti

26ᵉ jour

Petit déjeuner :

Saucisse en fer blanc et légumes

Déjeuner :

Romarin & orange avec poulet rôti

Dîner :

Pizzas au chou-fleur et au steak

27ᵉ jour

Petit déjeuner :

Rôti de bœuf haché

Déjeuner :

Poivrons farcis cajuns

Dîner :

Poulet rôti aux courgettes

28ᵉ jour

<u>Petit déjeuner :</u>

Omelette aux champignons

<u>Déjeuner :</u>

Flétan frais au citron

<u>Dîner :</u>

Chili aux feuilles de chou

5ᵉ semaine

29ᵉ jour

<u>Petit déjeuner :</u>

Pâte à gaufres

<u>Déjeuner :</u>

Côtes de porc et riz au chou-fleur

<u>Dîner :</u>

Gruau de crevettes et de chou-fleur

30ᵉ jour

<u>Petit déjeuner :</u>

Smoothie à la citrouille et au cajou

<u>Déjeuner :</u>

Gruau de crevettes et de chou-fleur

<u>Dîner :</u>

Pizzas au chou-fleur et au steak

Dernier mot

Pour finir, je voudrais vous remercier d'avoir lu ce livre.

J'espère que les informations contenues dans ce livre vous ont convaincu qu'un régime pauvre en glucides vous aidera à perdre du poids. Commencez par éliminer certains de vos aliments riches en glucides préférés, comme les sodas, les en-cas transformés et les sucreries, afin d'adapter votre corps à un régime pauvre en glucides. Une fois que vous aurez pris le bon élan, vous pourrez passer à un niveau supérieur. Vous verrez des résultats et perdrez du poids si vous êtes patient et cohérent.

Mentions légales

Auteur : Claire Lavigne
Représenté par : GKD eG
Editeur : GKD eG / Adamstrasse 32 / 90489 Nürnberg
Contact : kontakt.gkd@gmail.com
Photo de couverture : Shutterstock

Clause de non-responsabilité :
L'utilisation de ce livre et la mise en œuvre des informations, instructions et stratégies qu'il contient se font aux risques et périls de l'utilisateur. L'auteur ne peut être tenu pour responsable d'éventuels dommages de quelque nature que ce soit, pour quelque motif juridique que ce soit. Tout recours en responsabilité contre l'auteur pour des dommages matériels ou immatériels causés par l'utilisation ou la non-utilisation des informations ou par l'utilisation d'informations erronées et/ou incomplètes est fondamentalement exclu. Toute revendication juridique ou de dommages et intérêts est donc exclue. Cet ouvrage a été élaboré et rédigé avec soin. L'auteur n'assume toutefois aucune garantie quant à l'actualité, l'exhaustivité et la qualité des informations. Les erreurs d'impression et les informations erronées ne peuvent pas être totalement exclues. L'auteur ne peut assumer aucune responsabilité juridique ni aucune forme de responsabilité en cas d'informations erronées.

Les analyses, suggestions, idées, opinions, commentaires et textes mis à disposition sont uniquement destinés à l'information et ne peuvent en aucun cas remplacer une consultation individuelle. Toutes les informations contenues dans ce livre correspondent à l'état des connaissances au moment de la rédaction de ce livre. Toute responsabilité pour les conséquences directes ou indirectes des informations contenues dans ce livre est donc exclue. Informez-vous largement en consultant différentes sources et n'oubliez pas qu'au final, vous êtes seul responsable des décisions que vous prenez.

Responsabilité pour les liens externes
Notre offre contient des liens vers des sites web externes de tiers, sur le contenu desquels nous n'avons aucune influence. C'est pourquoi nous ne pouvons pas non plus nous porter garants de ces contenus externes. Le fournisseur ou l'exploitant des pages liées est toujours responsable des contenus de ces pages. Les pages liées ont été contrôlées au moment de la création du lien afin de vérifier qu'elles ne présentaient pas d'infraction à la loi. Aucun contenu illégal n'a été identifié au moment de la création des liens.

Droit d'auteur :
L'ouvrage, y compris tous les contenus tels que les informations, les stratégies et les conseils, est protégé par les droits d'auteur. Tous les droits sont réservés. La réimpression ou la reproduction (même partielle) sous quelque forme que ce soit (impression, photocopie ou autre procédé) ainsi que l'enregistrement, le traitement, la duplication et la diffusion à l'aide de systèmes électroniques de quelque nature que ce soit, en totalité ou en partie, sont interdits sans l'autorisation écrite expresse de l'auteur. Les contenus ne doivent en aucun cas être publiés. En cas de non-respect, des poursuites judiciaires seront engagées.

Printed by Amazon Italia Logistica S.r.l.
Torrazza Piemonte (TO), Italy

60534440R00076